LE THÉATRE
CHEZ SOI

EN SCÈNE, S. V. P.

PROVERBES

PAR

PAUL CÉLIÈRES

PARIS
47, RUE LAFFITTE

A. HENNUYER, IMPRIMEUR-ÉDITEUR

DEUXIÈME ÉDITION

EN SCÈNE, S. V. P.

DU MÊME AUTEUR :

ENTRE DEUX PARAVENTS, scènes et comédies en vers. Un volume in-18 jésus sur papier de Hollande, avec eaux-fortes de E. BOILVIN. (*Tirage à petit nombre.*)

TRENTE-CINQ ANS DE BAIL, comédie en un acte. In-8°.

LILAS BLANCS ET ROSES THÉ, comédie en un acte. In-8°.

L'OISEAU SUR LA BRANCHE, comédie en un acte. In-8°.

L'INCOMPARABLE ZULÉMA, charade en trois parties. In-18.

UN DINER DE HUIT COUVERTS, charade en trois parties. In-18.

LE GIBIER DE SON ALTESSE, charade en trois parties. In-18.

LE NEZ DU MARQUIS, charade en trois parties. In-18.

LE BONHOMME HIVER, opéra-comique en un acte, musique de J. DUPRATO.

LE ROMAN D'UNE MÈRE. Un volume in-18 jésus. *Quatrième édition.*

UNE EXILÉE. Un volume in-18 jésus.

LE CHEF-D'ŒUVRE DE PAPA SCHMELTZ. Un volume in-18 jésus.

CONTEZ-NOUS CELA ! Un volume in-18 jésus. *Quatrième édition.*

QUAND IL PLEUT. Un volume in-18 jésus, orné de vignettes par Scott et M. Martin. *Troisième édition.*

UNE HEURE A LIRE. Un volume in-18 jésus. *Troisième édition.*

LES DEUX IDOLES. Un volume in-18 jésus. Illustrations de F. LIX.

LES GRANDES VERTUS. Un volume in-18 jésus. *Deuxième édition.*

LES MÉMORABLES AVENTURES DU DOCTEUR J.-B. QUIÈS. Un volume in-4°, illustré par F. LIX.

LE THÉATRE CHEZ SOI

EN SCÈNE, S.V.P.

PROVERBES

PAR

PAUL CÉLIÈRES

DEUXIÈME ÉDITION

PARIS

A. HENNUYER, IMPRIMEUR-ÉDITEUR

47, RUE LAFFITTE, 47

1887

Droits de reproduction et de traduction réservés.

TEL OISEAU TEL NID

PERSONNAGES.

BARATIN, cinquante-cinq ans.
Mlle BARATIN, sa sœur, quarante-cinq ans.
VALENTINE D'ÈVRES, vingt ans.
BLANCHE, veuve d'Arcizes, vingt-deux ans.
MARIETTE, femme de chambre, dix-huit ans.

TEL OISEAU TEL NID

Un salon élégant. Porte au fond; portes latérales. A gauche, un piano; au premier plan, un canapé et un guéridon. A droite, une cheminée avec glace. Au fond, de chaque côté de la porte, deux meubles à étagères, sur lesquels tout, livres, albums, porcelaines, etc., est dans un ordre parfait. Çà et .à des sièges.

SCÈNE PREMIÈRE.

VALENTINE, BLANCHE.

Au lever du rideau, Valentine est au piano. Toilette un peu tapageuse. Blanche, debout devant la cheminée, met son chapeau. Toilette très simple.

VALENTINE.

Tu sors? (Déchiffrant.) Do... la... la... ré... (A Blanche.) Où vas-tu?

BLANCHE.

Chez Mme de Chaleins, à une demi-lieue d'ici. Tu ne m'accompagnes pas?

VALENTINE.

Non. J'attends mon mari... Sol... si... la... encore un bémol ! (Avec impatience.) Sol... si... la...

BLANCHE.

Tu risques de l'attendre longtemps.

VALENTINE.

Sol... si... si... (A Blanche.) Qui ça?

BLANCHE.

Eh bien... ton mari.

VALENTINE.

Ah !... c'est vrai... (Ironiquement.) Il est gentil, n'est-ce pas, monsieur mon mari? (Elle prend les morceaux de musique placés sur le piano, se retourne pour les regarder, les regarde à peine, et les jette au fur et à mesure sur le canapé tout en parlant.) Nous venons passer huit jours chez toi; tu nous reçois de la façon la plus charmante; et il ne trouve rien de mieux pour t'en remercier que d'aller chasser de sept heures du matin à huit heures du soir ! (Se remettant au piano.) Il est faux ton piano !... Tu lui en veux?

BLANCHE, en souriant.

A mon piano?

VALENTINE.

Non... à mon mari?

BLANCHE.

Pas le moins du monde.

VALENTINE.

Il t'aime bien, tu sais.

BLANCHE.

Je n'en doute pas. (A Mariette, qui paraît au fond.) La voiture est là?

MARIETTE.

Oui, madame. (Mariette sort.)

VALENTINE, à Blanche.

Où vas-tu?

BLANCHE.

Encore !... Mais, ma pauvre Valentine, je te l'ai dit quatre fois depuis une heure.

VALENTINE.

Tu crois?

BLANCHE.

Chez Mme de Chaleins.

VALENTINE, en riant.

Ah!... oui;... porter ton offrande pour la crèche.

BLANCHE.

De quoi ris-tu?

VALENTINE.

De la crèche... Gageons qu'au moment où tu entreras par une porte, M. Georges Baratin entrera par l'autre.

BLANCHE, d'un ton de reproche.

Oh! Valentine!

VALENTINE.

Eh bien! où est le mal?... Tu es jeune, tu es veuve, tu as bien le droit de songer à te remarier.

BLANCHE.

C'est un droit dont je n'abuse pas.

VALENTINE.

Comment donc alors se fait-il que tu ne sortes jamais sans rencontrer... par hasard!... M. Georges Baratin? Comment se fait-il que, depuis trois jours, je l'aie aperçu une bonne douzaine de fois à cheval, à pied, ou en voiture sur les routes où nous passions?

BLANCHE.

Je ne puis empêcher ce monsieur...

VALENTINE, se remettant au piano.

Tu t'en garderais bien! (Plaquant un accord.) L'accord est faux!... Charmant, du reste, ce M. Baratin;... il n'a qu'un tort...

BLANCHE.

Lequel?

VALENTINE.

C'est de s'appeler Baratin.

BLANCHE.

Ce n'est pas sa faute.

VALENTINE.

Aussi le lui as-tu déjà pardonné... La... si... la... do... Mais va-t'en donc! la crèche attend.

BLANCHE, en souriant.

Folle, va!

VALENTINE.

Je dis la vérité en riant.

BLANCHE.

Et tu es la première à n'y pas croire. Si je songeais à épouser ce monsieur, je ne quitterais pas le pays, je ne vendrais pas cette maison.

VALENTINE.

Elle n'est pas encore vendue... et tu n'es pas encore partie!

BLANCHE, s'approchant d'elle et l'embrassant.

Je te pardonne... et je m'en vais. (Elle remonte, puis redescend et sonne. Mariette paraît.)

VALENTINE, à Blanche.

Mets dix francs pour moi dans la crèche.

BLANCHE, à Mariette.

Si l'on vient visiter la maison, vous aurez soin de ne pas laisser entrer dans les chambres avant d'y avoir tout rangé.

MARIETTE.

Bien, madame. (Elle sort.)

BLANCHE.

Je ne veux pas, même aux yeux des inconnus, passer pour une écervelée, sans ordre.

VALENTINE, en riant.

Comme moi?

BLANCHE, en souriant.

Comme toi. (Elle lui fait un dernier signe de la main et sort.)

SCÈNE II.

VALENTINE, puis MARIETTE.

VALENTINE.

Elle a beau dire... la crèche n'est qu'un prétexte. (Chantant au piano.)

> Quand de la nuit l'épais nuage
> Couvre mes yeux...

(S'arrêtant brusquement.) Mon Dieu, que c'est vieux ce morceau-là!... Et que les jours sont longs à la campagne!... Quand je pense que ma pauvre Blanche est ici, toute seule, depuis quatre ans!... (Se levant.) Décidément, je m'ennuie! (Appelant.) Mariette!

MARIETTE, paraissant au fond.

Madame?

VALENTINE.

Je vais jusqu'à la ferme. Si monsieur rentre, vous lui direz... Non, ne lui dites rien... Quelle heure est-il?

MARIETTE.

Quatre heures.

VALENTINE.

Pas plus?... Vous êtes sûre? (Sans attendre la réponse.) J'ai eu tort de ne pas accompagner Blanche... Bast! je vais aller tuer le temps avec les canards. (Elle sort en fredonnant.)

SCÈNE III.

MARIETTE, seule.

(Elle range les morceaux de musique et les remet sur le piano.)

Elle a un petit grain, c'est sûr, l'amie de madame... Si elle devait rester longtemps chez nous, je demanderais une augmentation... Ce qu'elle prend à droite, on est sûr de le retrouver à gauche !... Mais c'est égal... elle est gentille ! et ça égaye un peu la maison... qui n'est pas gaie tous les jours. (Avec un soupir.) Oh ! non.

(Baratin et mademoiselle Baratin entrent par le fond.)

SCÈNE IV.

BARATIN, MADEMOISELLE BARATIN, MARIETTE.

BARATIN, à Mariette.

Madame d'Arcizes, mon enfant ?

MARIETTE.

Madame est sortie, monsieur.

BARATIN.

Ah !... tant mieux.

MARIETTE, étonnée.

Tant mieux ? (Se ravisant.). Ah !... monsieur vient sans doute pour visiter la maison ?

BARATIN.

Précisément.

MARIETTE.

Si monsieur veut attendre ici un instant, je vais revenir et je conduirai monsieur. (Elle sort vivement par la droite.)

SCÈNE V.

BARATIN, MADEMOISELLE BARATIN.

MADEMOISELLE BARATIN, avec animation.

Vous savez, monsieur mon frère, que ce que nous faisons en ce moment est parfaitement ridicule?...

BARATIN, très calme.

En vérité, mademoiselle ma sœur?

MADEMOISELLE BARATIN.

.. Et que de toutes les idées saugrenues qui vous sont venues en tête depuis dix ans, celle-ci est la plus saugrenue?...

BARATIN.

Vous croyez?

MADEMOISELLE BARATIN.

... Et que, pour que j'aie consenti à vous suivre, il faut que, par un sortilège, vous m'ayez rendue aussi folle que vous!

BARATIN.

Je n'y verrais pas grand mal.

MADEMOISELLE BARATIN.

Ainsi... vous persistez sérieusement?

BARATIN.

Sans aucun doute... et je prétends en moins d'une heure, sans même avoir vu cette jolie veuve, savoir à quoi m'en tenir sur son compte. Tel oiseau, tel nid! Vous aurez beau dire; c'est une règle sans exception... Pour connaître l'oiseau, je suis venu regarder le nid.

MADEMOISELLE BARATIN, ironiquement.

Et quand vous l'aurez regardé du haut en bas?

BARATIN.

Je vous dirai les goûts, les habitudes, les qualités et les défauts de celle qui l'habite!... Ne levez pas les épaules, ma sœur, c'est très sérieux. Mieux encore que par le style, le caractère se trahit par les menus détails que sème autour d'elle la vie de chaque jour. Tout le monde ne choisit pas les mêmes livres, ne joue pas la même musique, ne se sert pas des mêmes parfums. Les meubles ont un langage, les étoffes parlent, et, pour un observateur attentif, une chambre à coucher ou un cabinet de toilette en disent plus long qu'un in-octavo plein de renseignements... fournis les trois quarts du temps par des gens mal informés.

MADEMOISELLE BARATIN.

C'est-à-dire que, si le ridicule examen que vous venez faire ici vous satisfait par hasard, vous serez suffisamment édifié, et que vous consentirez à un mariage...

BARATIN, vivement.

Je n'ai pas dit cela!... Je ne dis pas cela!

MADEMOISELLE BARATIN.

A quoi bon alors...?

BARATIN.

Une fois sûr que Georges n'a pas affaire à une aventurière, je prêterai les mains à son projet.

MADEMOISELLE BARATIN.

Vous recevrez cette Mme d'Arcizes?

BARATIN.

Sans aucun doute!... Et si mes prévisions ne m'ont pas trompé...

MADEMOISELLE BARATIN.

Georges l'épousera ?

BARATIN.

Pourquoi pas ?

MADEMOISELLE BARATIN, bondissant.

J'en étais sûre !... Et c'est par vous que votre fils, mon neveu, qui, de votre chef, du chef de sa mère et du mien aura un jour plus de trois millions...

BARATIN, tranquillement.

Il ne les a pas encore.

MADEMOISELLE BARATIN, continuant.

...Mon neveu, qui pourrait prétendre à une alliance des plus hautes, aura fait cette inqualifiable sottise d'épouser une inconnue.

BARATIN.

La sottise aurait-elle été moindre d'épouser celle que vos rêves lui destinaient ?

MADEMOISELLE BARATIN, avec émotion.

Un ange !

BARATIN, ironiquement.

Mais bien plus inconnu encore !... Vous ne savez même pas son nom.

MADEMOISELLE BARATIN.

Malheureusement !... Mais je l'ai vue à l'œuvre ! Je l'ai vue, pendant quatre mois, à l'ambulance de Vitry soigner les blessés avec un dévouement, une tendresse, une abnégation...

BARATIN.

Elle n'était pas seule à les soigner, j'imagine ?

MADEMOISELLE BARATIN.

Sans doute... mais...

BARATIN.

Et vous ne prétendez pas faire épouser à mon fils toutes les femmes qui ont, peu ou prou, soigné des blessés?

MADEMOISELLE BARATIN.

Entre toutes les femmes et celle-là, il y a un abîme! Celle-là...

BARATIN, railleur.

Un ange, c'est convenu.

MADEMOISELLE BARATIN, piquée.

Oui, monsieur, oui, un ange!... Il ne lui manquait que des ailes.

BARATIN, même jeu.

Vous avez mal regardé... elle en avait peut-être, et elle est remontée au ciel.

MADEMOISELLE BARATIN, tristement.

Qui sait? Je ne l'ai revue nulle part.

BARATIN.

Et c'est bien heureux. Ce pauvre Georges, qui se désole à l'idée d'un refus de notre part, aurait vilain jeu contre vous.

MADEMOISELLE BARATIN.

Oui, mais je serais, moi, plus tranquille sur son avenir que je ne le suis avec vos procédés de commissaire-priseur.

BARATIN.

Vous y viendrez, ma sœur; vous y viendrez... Et d'abord, faites-moi le plaisir de regarder autour de vous.

MADEMOISELLE BARATIN, sans bouger.

Eh bien?

BARATIN, allant, venant et examinant.

Que dites-vous de ce petit salon?

MADEMOISELLE BARATIN.

Rien. C'est un salon comme tous les salons... Il y a un piano... comme tous les pianos.

BARATIN.

Vous n'y êtes pas... et je suis, moi, fixé déjà sur un point ou deux.

MADEMOISELLE BARATIN.

Bah!

BARATIN.

La femme est jeune...

MADEMOISELLE BARATIN, haussant les épaules.

Georges nous l'a dit.

BARATIN.

Je constate qu'il a dit vrai, voilà tout. Elle est, de plus, économe, sérieuse et calme... un peu grave, peut-être...

MADEMOISELLE BARATIN.

Où avez-vous fait ces belles découvertes?

BARATIN.

Sur le piano, sur la table et sur ce fauteuil. (Prenant le dossier du fauteuil.) Voyez ce dossier au crochet... il a été déchiré... ici... et reprisé avec un soin minutieux. Ordre et économie! (Prenant la musique sur le piano.) Feuilletez ces morceaux... Beethoven... Mozart... Haydn...

MADEMOISELLE BARATIN, en indiquant un au passage.

Et les *Cloches de Corneville!*

BARATIN.

Minorité insignifiante. Il y a préférence pour les grands maîtres. Caractère sérieux. (Montrant les livres sur le guéridon.) Prenez ces volumes... *le Génie du christia-*

nisme... l'*Imitation de Jésus-Christ*... le *Voyage en Orient*... (Avec animation.) Ils parlent ces livres ! ils parlent !...

MADEMOISELLE BARATIN, levant les épaules.

Et vous aussi... malheureusement.

MARIETTE, rentrant par la droite.

Si monsieur et madame veulent me suivre ?...

BARATIN.

Venez-vous, ma sœur ?

MADEMOISELLE BARATIN.

Non... merci... je vous attendrai.

BARATIN.

Comme il vous plaira... (Il traverse pour sortir, puis se ravise et arrête Mariette.) Non... si vous le voulez bien... j'irai seul.

MARIETTE, hésitant.

Mais monsieur... (Baratin lui glisse une pièce de vingt francs.) Ah !... c'est différent. (A part.) Et puis, ça m'est égal... tout est sous clef. (Baratin sort par la droite.)

SCÈNE VI.

MADEMOISELLE BARATIN, MARIETTE.

MADEMOISELLE BARATIN, à part.

Allez ! allez !... je me charge en cinq minutes d'en savoir plus long que vous. (A Mariette.) Elle me paraît bien disposée, cette maison... la vue est agréable... le pays des plus pittoresques... Mme d'Arcizes ne trouvera certes mieux nulle part.

MARIETTE.

Oh !... madame a l'intention de voyager.

MADEMOISELLE BARATIN.

Ah!... ce doit être si triste en effet de vivre seule!... car elle reçoit peu, je crois?

MARIETTE.

Pour ainsi dire pas... C'était plus gai que ça, du vivant de monsieur.

MADEMOISELLE BARATIN.

Vraiment?

MARIETTE.

Tous les jours des parties de chasse, des promenades, des dîners sur l'herbe!... Et on dansait!... Madame ne se faisait pas prier, dans ce temps-là.

MADEMOISELLE BARATIN, à part.

Une évaporée... j'en étais sûre! (Haut.) La mort de M. d'Arcizes a été un violent chagrin, n'est-ce pas?

MARIETTE.

Oui, madame... quoique monsieur ne fût déjà plus jeune...

MADEMOISELLE BARATIN, à part.

Un mariage d'argent.

MARIETTE.

Madame a porté le grand deuil quinze mois.

MADEMOISELLE BARATIN, à part.

Comédie à l'usage du monde. J'en sais déjà plus que je ne souhaitais.

MARIETTE.

Et depuis, elle n'a pas bougé d'ici... presque toujours seule... et triste! Ah! le service est devenu bien dur pour moi.

MADEMOISELLE BARATIN.

On la dit charmante, cependant, et très douce.

MARIETTE.

Je ne dis pas ; mais...

MADEMOISELLE BARATIN.

Vous êtes libre de la quitter.

MARIETTE.

J'ai mes petites habitudes ici.

MADEMOISELLE BARATIN.

Et vos petits profits !

MARIETTE, souriant.

Mon Dieu...

MADEMOISELLE BARATIN, à part.

L'anse du panier va bon train. Maison mal tenue. Il n'y a d'ordre qu'à la surface. Je sais à quoi m'en tenir à présent.

MARIETTE.

Madame n'a plus besoin de moi ?

MADEMOISELLE BARATIN.

Non, mon enfant, non... et vous pouvez rejoindre mon frère pour le renseigner.

(Baratin rentre par la droite. Mariette sort par le fond.)

SCÈNE VII.

BARATIN, MADEMOISELLE BARATIN.

BARATIN, qui a entendu les derniers mots.

Inutile, ma sœur... je suis fixé.

MADEMOISELLE BARATIN, ironique.

Vraiment ?

BARATIN.

Et enthousiasmé !

MADEMOISELLE BARATIN, même jeu.

Pas possible !

BARATIN.

Toutes les qualités ! Cette femme a toutes les qualités et pas un défaut !... Je n'en ai pas vu l'ombre, ma parole !... C'est à ce point que, sans plus tarder... (Il s'assied devant le guéridon et se dispose à écrire.)

MADEMOISELLE BARATIN.

Eh bien !... que faites-vous ?

BARATIN, écrivant.

J'invite Mme d'Arcizes à nous venir voir demain sans faute, au château de la Tournelle, où nous serons heureux, ma sœur et moi, de l'accueillir...

MADEMOISELLE BARATIN, vivement.

Parlez pour vous seul !

BARATIN, écrivant toujours.

... Ma sœur et moi de l'accueillir... J'ajoute que mon fils Georges, qui n'est déjà plus un inconnu pour elle, se joint à nous pour obtenir qu'elle consente à sortir de sa retraite... Daignez agréer, etc... (Il plie la lettre, la ferme et la pose sur le guéridon.)

MADEMOISELLE BARATIN, levant les bras au ciel.

C'est de la folie pure !

BARATIN.

J'en suis pour ce que j'ai dit... toutes les qualités, pas un défaut !

MADEMOISELLE BARATIN, ironiquement.

Un ange !

BARATIN.

Qui vaut bien le vôtre, croyez-moi. La chambre à coucher est, à elle seule, une révélation !... Damas de soie gris et bleu tendre... couleur d'azur...

MADEMOISELLE BARATIN, même jeu.

Bien entendu !... Un morceau du ciel qu'on a descendu là tout exprès.

BARATIN, comme s'il n'avait pas entendu.

Chaque chose y est à sa place ; tout y respire la modestie, la grâce ; tout y est imprégné de ce charme pénétrant que laisse autour d'elle une âme toujours sereine, une conscience calme, une vie pure...

MADEMOISELLE BARATIN, aigrement.

Il paraît que ma chambre à coucher, à moi, ne vous a jamais dit de ces jolies choses !... Je n'ai pas l'âme sereine, à ce qu'il paraît... ni la conscience calme !... Il est vrai que ma chambre est en velours ponceau !... et il vous faut du bleu !

BARATIN.

Nous reparlerons de vous, ma sœur, quand vous voudrez. Mais, pour le moment, il ne s'agit que de Mme d'Arcizes, et j'affirme...

MADEMOISELLE BARATIN.

Que sa chambre est en damas de soie gris et bleu... vous ne pouvez rien affirmer de plus.

BARATIN.

J'affirme que le cabinet de toilette complète et accentue les révélations de la chambre... Un cabinet tout en mousseline blanche !... pas de poudre de riz !... et pour parfum, une seule fiole toute petite... une fiole de verveine... Vous avez entendu, ma sœur ?... de verveine !

MADEMOISELLE BARATIN.

Hé ! oui ! de verveine !... Tous les parfumeurs en vendent... et s'il ne faut rien de plus pour se faire une réputation d'ange... les ailes d'ange sont à bon marché.

BARATIN.

La verveine est une fleur modeste, d'un parfum doux et léger. Quand une femme choisit la verveine...

MADEMOISELLE BARATIN.

C'est qu'elle aime cette odeur-là.

BARATIN.

C'est qu'elle craint d'attirer l'attention ; c'est qu'elle ne porte ni toilettes tapageuses, ni chapeaux en coup de vent ; c'est qu'elle est simple, modeste...

(On entend chanter au dehors l'air des Conspirateurs de *la Fille de Madame Angot*. Voix de femme. Baratin s'arrête et regarde sa sœur avec une nuance d'inquiétude et de surprise. Valentine entre.)

SCÈNE VIII.

BARATIN, MADEMOISELLE BARATIN, VALENTINE.

VALENTINE, chantant, sans voir Baratin et sa sœur, qui se sont écartés.

Quan-and on conspi-i-i-i-ire, quan-and on...

BARATIN, à part.

Ah !

MADEMOISELLE BARATIN, bas, ironiquement.

Cabinet de toilette en mousseline blanche.

VALENTINE, apercevant Baratin et sa sœur. A part.

Tiens ! quelqu'un ! (Haut.) Je ne vous savais pas là... pardon. (Elle salue, puis appelle :) Mariette ! (Mariette paraît au fond ; elle lui jette son chapeau qu'elle vient d'ôter. Mariette sort. A Baratin et à sa sœur.) Asseyez-vous donc, je vous en prie. (Montrant le bas de sa robe, qui est taché de boue.) Je suis dans un état !... Ne faites pas attention... Je viens de la ferme, et peu s'en est fallu que je n'aille servir de pâture aux canards !... C'est épouvantable ces cours de ferme !... la terre vous manque à chaque instant sous les pieds ! (Fredonnant la valse chantée des *Cloches de Corneville*.)

Je regardais en l'air...

(S'arrêtant brusquement.) Croiriez-vous qu'un orgue de barbarie est venu me jouer ça tout à l'heure, au beau milieu de la route ? Ça ne vous agace pas ces choses-là ?

BARATIN, tout ahuri.

Mon Dieu, madame, je...

MADEMOISELLE BARATIN, bas, ironiquement.

Damas de soie gris et bleu !... une révélation !...

VALENTINE.

Mais... j'y songe... Est-ce que c'est pour la maison que vous êtes venus ?

BARATIN.

Mais... oui, madame... oui ; et elle nous a paru...

VALENTINE.

Triste, n'est-ce pas ?... Un vrai tombeau !

BARATIN, à part.

J'ai peut-être eu tort d'aller si vite... Si je pouvais... (Il cherche à se rapprocher du guéridon sur lequel il a posé la lettre.)

VALENTINE, continuant.

Sans air en été... glaciale en hiver... (Elle aperçoit la lettre et la prend machinalement.)

BARATIN, qui allait s'en emparer. A part.

Trop tard !

VALENTINE.

C'est une excellente acquisition ! (Elle se met au piano et joue le quadrille d'*Orphée aux enfers*.)

MADEMOISELLE BARATIN, bas à son frère.
Même jeu que plus haut.

Femme très sérieuse !... Haydn... Mozart... les grands maîtres !

BARATIN, abasourdi.

Je n'y comprends rien !

MADEMOISELLE BARATIN.

C'est cependant clair ; et si vous n'avez pas vu les défauts du nid, vous n'êtes pas, je suppose, aveugle au point de ne pas apercevoir ceux de l'oiseau !

BARATIN.

Cela demande explication, ma sœur. (A Valentine.) Madame ?

VALENTINE, se levant.

Monsieur ?

BARATIN, cherchant ses mots.

En venant voir cette maison... j'avais... il me faut bien vous l'avouer... un double but... un double but... L'affaire que je comptais... sinon traiter... du moins entamer... est des plus délicates... et je ne sais plus même... à vrai dire... dans quels termes vous expliquer... le but de ma visite... et m'en excuser.

MADEMOISELLE BARATIN.

Ce n'est pourtant pas difficile. Madame comprendra sans doute, à demi mot, que nous nous sommes trompés.

BARATIN.

Pardon, ma sœur, laissez-moi parler, je vous en prie.

VALENTINE.

Est-ce que vous n'avez pas vu le notaire avant de venir ?

BARATIN.

Non...

VALENTINE.

Vous avez eu tort, et c'est lui que vous devriez consulter. Il y a une foule de détails que j'ignore.

BARATIN.

Mais il en est d'autres, madame, sur lesquels je ne puis me renseigner qu'auprès de vous-même... Mon fils ne m'a donné que ses impressions personnelles... et il a pu se tromper sur nos intérêts à tous.

VALENTINE.

Ah! (A part). Je n'y comprends absolument rien. (Haut.) Est-ce que vous habitez ce pays-ci?

BARATIN, dérouté.

Mais... oui... madame.

VALENTINE.

Hiver comme été?

BARATIN.

Nous retournons à Paris vers la fin de novembre... Mon fils, tout jeune qu'il est encore, est sérieux... et le prix qu'il attache...

VALENTINE, tranquillement.

Trente-cinq mille francs.

BARATIN, ahuri.

Vous dites?

VALENTINE.

Trente-cinq mille francs. C'est à prendre ou à laisser.

BARATIN.

Pardon... je...

VALENTINE.

La maison... cette maison... trente-cinq mille francs! (Avec impatience.) Vous me demandez le prix... je vous le dis!... Je ne sais rien de plus, moi!... Je ne suis pas notaire.

MADEMOISELLE BARATIN, bas, à son frère.

Douceur et humilité !... la verveine !

VALENTINE.

Avez-vous visité le jardin ?

BARATIN, machinalement.

Non... pas encore.

VALENTINE.

Eh bien, allez donc le voir... il en vaut la peine. (A part.) Ces deux originaux sont insupportables !

BARATIN.

Je ne voudrais cependant pas partir sans...

VALENTINE.

Eh bien, attendez ici, monsieur ; je ne vous en empêche pas ; attendez. (Elle sort vivement par le fond.)

SCÈNE IX.

BARATIN, MADEMOISELLE BARATIN.

MADEMOISELLE BARATIN, avec amertume.

Et elle emporte la lettre !... Et elle viendra demain chez nous !... Et vous souffrirez que Georges !...

BARATIN.

Là... là... calmez-vous, ma sœur.

MADEMOISELLE BARATIN.

Calmez-vous... c'est bientôt dit... Je suis hors de moi !... Comment ! vous n'avez rien trouvé de mieux pour nous débarrasser à tout jamais de cette évaporée, que... Ah ! elle est jolie votre théorie !... Je vous en fais mon compliment !

BARATIN.

J'avoue que les apparences...

MADEMOISELLE BARATIN.

Ainsi, vous n'êtes pas convaincu !... Il n'y a dans tout cela que des apparences !... Vous en tenez encore pour le damas bleu et la mousseline blanche !... On a bien raison de dire que, quand un homme de votre âge s'est chaussé la cervelle d'une idée, c'est comme si le diable s'y était mis !

BARATIN.

Georges n'est cependant pas un étourneau; et Georges, mon fils...

MADEMOISELLE BARATIN.

Qui aura un jour trois millions !

BARATIN.

Il ne les a pas encore ! — m'a dit et affirmé que Mme d'Arcizes...

MADEMOISELLE BARATIN, vivement.

Georges la connaît à peine... Il ne l'a vue que dans le monde, chez Mme de Chaleins... deux ou trois fois... Et, dans le monde, je suppose que cette linotte suit un peu mieux le fil de ses idées !... Si Georges l'avait vue ici, chez elle, comme nous venons de la voir, il renoncerait de lui-même à son ridicule projet.

BARATIN.

Tout est donc pour le mieux. Qu'elle vienne chez nous; Georges la verra, l'étudiera... Nous l'apprécierons de notre côté... et si nous nous sommes trompés...

MADEMOISELLE BARATIN, avec beaucoup d'animation.

C'est-à-dire que vous persistez !... Vous vous êtes ridiculement engagé dans une sotte affaire, et plutôt que d'avouer votre erreur vous allez de l'avant !... Eh bien, j'y mettrai bon ordre, moi!... et je me charge de trouver pour Georges un oiseau qui n'aura ni damas bleu, ni mousseline blanche, ni verveine, mais dont la cervelle sera mieux équilibrée que le nid.

BARATIN, ironiquement.

Ta... ta... ta... Nous retournons à l'ambulance.

MADEMOISELLE BARATIN, avec force.

Je n'hésiterais pas, si je la retrouvais.

BARATIN, levant les épaules.

Cherchez-la. (Blanche entre par le fond.)

SCÈNE X.

BARATIN, MADEMOISELLE BARATIN, BLANCHE.

MADEMOISELLE BARATIN, reconnaissant Blanche et jetant un cri.

Ah!

BARATIN, surpris. A part.

Ah! par exemple!... Est-ce que le hasard?...

MADEMOISELLE BARATIN, à Blanche avec effusion.

C'est le ciel qui vous envoie!

BARATIN, bas.

Je vous en prie, ma sœur, faites attention à ce que vous allez dire!

MADEMOISELLE BARATIN, à Blanche qui la regarde tout étonnée.

Vous ne me reconnaissez pas?... l'ambulance de Vitry...

BLANCHE.

Ah!.. en effet... pardonnez-moi... Il y a si longtemps déjà!

MADEMOISELLE BARATIN.

Vous étiez en grand deuil à cette époque?

BLANCHE.

De mon mari...

MADEMOISELLE BARATIN, étourdiment. Avec une explosion de joie.

Libre !... Elle est libre !... Ah ! je suis bien heureuse !

BARATIN, sévèrement.

Ma sœur !

MADEMOISELLE BARATIN, même jeu.

Il y a de la Providence dans tout cela !

BARATIN, levant les épaules.

Réfléchissez... songez à ce que vous dites ! et ne faites pas jouer à la Providence un si vilain rôle !

MADEMOISELLE BARATIN, à Blanche.

Mais le souvenir de cette grande douleur s'est effacé, n'est-ce pas?

BLANCHE.

Atténué, oui; effacé, non.

MADEMOISELLE BARATIN.

Vous n'en êtes plus cependant à lui vouloir sacrifier votre vie entière?

BLANCHE.

Je l'avoue.

MADEMOISELLE BARATIN.

Ah !... Béni soit Dieu qui nous rapproche ! De mon rêve, (à Baratin) absurde à vous entendre, je vais faire une réalité.

BARATIN, qui depuis le commencement de la scène cherche, sans y réussir, à lui imposer silence.

Encore une fois, ma sœur, je vous en supplie !..

MADEMOISELLE BARATIN.

Hé! le mal serait-il si grand de vous donner une

bru comme elle et de lui donner un mari comme votre fils?

BLANCHE, avec étonnement.

Un mari!... Vous songez à?...

MADEMOISELLE BARATIN.

Mais...

BLANCHE, froidement, avec une nuance de hauteur.

Si flattée que je sois de l'estime que vous me témoignez, permettez-moi de ne pas prendre au sérieux cette proposition... un peu brusque.

BARATIN.

De grâce, madame, excusez ma sœur. L'affection qu'elle porte à son neveu Georges, mon fils...

BLANCHE, vivement.

Georges?

MADEMOISELLE BARATIN, continuant la phrase de son frère.

... Qui s'est mis en tête, Dieu sait comment, d'épouser une certaine madame d'Arcizes...

BLANCHE, en souriant.

Ah!

MADEMOISELLE BARATIN.

... Chez qui nous sommes, à ce qu'il paraît... une écervelée, une folle... qui vient de nous jouer pendant un quart d'heure la plus ridicule comédie qui se puisse imaginer!

BLANCHE, en riant.

Vraiment? (A part.) Pauvre Valentine! on la traite bien!

MADEMOISELLE BARATIN, continuant.

... Et que, malgré cela, M. Baratin, mon frère... que j'ai le regret de vous présenter...

BARATIN.

Merci !

MADEMOISELLE BARATIN.

... Ne serait pas éloigné d'accueillir, beaucoup moins pour ne pas donner tort aux préférences de son fils que pour ne pas faire mentir un vieux proverbe...
(Valentine entre étourdiment par le fond sans voir Baratin et sa sœur.)

VALENTINE, à Blanche.

Enfin, te voilà !... Ai-je gagné?

BLANCHE.

Comment?

VALENTINE.

M. Georges Baratin était là?

BLANCHE.

Oui.

VALENTINE.

Et tu pars?

BLANCHE.

Peut-être.

VALENTINE.

A propos... on est venu pour visiter la maison...

BLANCHE.

Ah !

VALENTINE.

Oui... un original qui m'a fait l'effet d'un excellent homme, et sa sœur. . (Apercevant Baratin et mademoiselle Baratin et s'arrêtant toute interdite.) Ah !

BLANCHE, en souriant.

Je te remercie, ma chère Blanche, d'avoir fait les honneurs de chez moi.

BARATIN, s'apercevant de sa méprise.

Comment?...

MADEMOISELLE BARATIN, *même jeu. Montrant Valentine.*
Madame?...
BLANCHE, *en riant.*
Une de mes amies, bon cœur et tête folle, qui regrette toujours ses étourderies et à qui tout le monde les pardonne... Vous ne serez pas plus sévères que tout le monde.
BARATIN.
Comment donc... comment donc...
MADEMOISELLE BARATIN, *à Blanche.*
Mais, vous seriez donc alors?...
BLANCHE.
Madame d'Arcizes... à qui M. Georges Baratin a fait — il n'y a qu'un instant — l'honneur de demander... ce que j'ai semblé refuser tout à l'heure.
VALENTINE.
Et ce que tu accordes maintenant?
BLANCHE, *très simplement.*
Oui.
MADEMOISELLE BARATIN, *lui ouvrant ses bras.*
Ah! ma nièce!
BARATIN.
Bravo!... Je le savais bien que je ne me trompais pas... Tel oiseau, tel nid.
MADEMOISELLE BARATIN.
N'importe, mon frère... un peu de prudence, croyez-moi; dans les nids d'anges, on risque parfois de trouver des diables.
BLANCHE, *en souriant, désignant Valentine.*
Ceux qu'on y trouve ne sont pas méchants.

PETITE ÉTINCELLE
ENGENDRE GRAND FEU

PERSONNAGES.

CHAUVINET, cinquante ans.
ÉDOUARD DE SAINT-GRELIN, vingt-cinq ans.
TOTO, neveu de Chauvinet, frère de Gabrielle, huit ans.
Mme CHAUVINET, quarante ans.
LUCIENNE, fille de M. et Mme Chauvinet, dix-huit ans.
GABRIELLE, leur nièce, seize ans.
Mme DE SAINT-GRELIN, quarante-cinq ans.
Mme DE BOISPÉAN, sa fille, vingt-quatre ans.
LILINE, fille de Mme de Boispéan, six ans.
ROSINE, femme de chambre des Chauvinet, vingt ans.
VIRGINIE, femme de chambre de Mme de Saint-Grelin, vingt-deux ans.

PETITE ÉTINCELLE
ENGENDRE GRAND FEU

Un jardin à la campagne chez Chauvinet. Au milieu de la scène, sur une pelouse, à l'ombre d'un grand arbre, des chaises rustiques et une table chargée de tasses et de verres. A gauche un banc et des chaises. A droite et à gauche, deux allées qui contournent la pelouse et vont se perdre au troisième plan dans la coulisse. A droite, au premier plan, la porte d'un pavillon.

SCÈNE PREMIÈRE.

CHAUVINET, MADAME CHAUVINET, LUCIENNE, GABRIELLE, MADAME DE BOISPÉAN, puis MADAME DE SAINT-GRELIN et ÉDOUARD.

Au lever du rideau, Chauvinet et madame Chauvinet sont assis au fond. Lucienne est assise à gauche; elle semble triste et préoccupée. Gabrielle joue au volant avec madame de Boispéan. On voit par instants Toto et Liline passer en courant dans le fond.

CHAUVINET, comptant les points.

97, 98, 99, 100!... Bravo! madame de Boispéan, bravo! 112, 113...

GABRIELLE, laissant tomber le volant.

Et c'est tout. (Elle pose sa raquette et se rapproche de Lucienne.)

MADAME CHAUVINET.

Tu n'es pas de force, Gabrielle.

MADAME DE BOISPÉAN.

Mademoiselle n'a cependant pas eu le temps d'oublier.

GABRIELLE, à part.

Elle va m'appeler *petite fille* tout à l'heure. (A Lucienne, bas.) Qu'est-ce que tu as ?

LUCIENNE.

Moi ?... rien.

(Madame de Saint-Grelin et Édouard entrent par la droite.)

MADAME DE SAINT-GRELIN.

Tous mes compliments, mon cher Chauvinet. Nous venons de faire, mon fils et moi, le tour du jardin. C'est d'un goût irréprochable... N'est-ce pas, Edouard?

ÉDOUARD.

Oui, maman.

CHAUVINET.

Vous êtes trop bonne. C'est gentil, rien de plus... Il n'y a que les serres... Vous n'avez pas vu les serres ?... Je vais vous en faire les honneurs, si vous le permettez.

MADAME CHAUVINET.

J'espère, mon ami, que vous laisserez du moins à madame le temps de se reposer. (Elle fait asseoir madame de Saint-Grelin près d'elle.) Lucienne ?

LUCIENNE.

Maman ?

MADAME CHAUVINET.

Un tabouret pour Mme de Saint-Grelin, mon enfant.

MADAME DE SAINT-GRELIN, à Lucienne, qui s'est levée.

Ne vous dérangez pas, je vous en prie !... Edouard va y aller.

ÉDOUARD.

Oui, maman. (Il entre à droite dans le pavillon.)

MADAME CHAUVINET.

Mais...

MADAME DE SAINT-GRELIN.

N'est-il pas presque de la famille?

CHAUVINET, très empressé.

Oh! presque n'est pas assez, chère madame!

MADAME CHAUVINET, même jeu.

Nous le considérons déjà comme notre fils.

CHAUVINET.

Et je n'ai pas besoin de vous dire une fois de plus que nous sommes fiers et heureux de cette union.

MADAME DE SAINT-GRELIN.

Edouard est un bon garçon...

MADAME CHAUVINET.

Elevé par vous, madame, il ne saurait manquer de cœur...

CHAUVINET.

Ni d'esprit.

GABRIELLE, bas, à Lucienne.

Il n'y a pas d'encensoir dans la maison?

LUCIENNE, bas, avec un sourire triste.

Tais-toi.

ÉDOUARD, rentrant par la droite, et donnant le tabouret à sa mère.

Voilà, maman.

MADAME DE SAINT-GRELIN.

Merci, mon ami... Où est donc ta sœur?

MADAME DE BOISPÉAN, au fond.

Ne vous tourmentez pas, maman; je suis là. Je regarde si, par hasard, je n'apercevrais pas mon mari... qui ne se presse guère, il me semble.

MADAME CHAUVINET.

Oh ! M. de Boispéan, chère madame, n'arrivera sans doute, comme tous nos invités, que par le train de deux heures, qui entre en gare à trois heures cinq.

CHAUVINET.

Nous n'aurions su que faire de tant de monde pendant tout un jour. (Vivement.) Je ne compte pas M. de Boispéan.

MADAME CHAUVINET, même jeu.

Il est de la famille.

CHAUVINET.

Voulez-vous prendre quelque chose ?... Gabrielle ?

GABRIELLE.

Mon oncle ?

CHAUVINET.

Veille sur Toto, je t'en prie !... Le voilà encore qui piétine dans les plates-bandes !

MADAME DE SAINT-GRELIN, à madame de Boispéan.

Avec Mlle Liline, ta fille. (Appelant.) Liline ?

MADAME DE BOISPÉAN.

Liline ?

CHAUVINET, vivement.

Laissez, chère madame, laissez !... Il faut que les enfants s'amusent !

MADAME DE SAINT-GRELIN.

Nous sommes nombreux ce soir ?

CHAUVINET.

Vingt-sept !... Nous avons rassemblé toute notre famille et nos amis les plus intimes pour leur annoncer au dessert la grande nouvelle.

MADAME DE BOISPÉAN.

C'est un vrai dîner de fiançailles.

CHAUVINET, se frottant les mains.

Et dans un mois le repas de noces... Mlle Lucienne Chauvinet sera devenue Mme Edouard de Saint-Grelin... Ah! vrai! je suis bien heureux!

LUCIENNE, à part. Tristement.

Pauvre père!

CHAUVINET, à madame de Saint-Grelin.

Etes-vous reposée?

MADAME DE SAINT-GRELIN.

Tout à fait.

CHAUVINET.

Voulez-vous me faire l'honneur de prendre mon bras?

MADAME DE SAINT-GRELIN.

Avec plaisir.

CHAUVINET.

Je vais vous montrer des cactus comme vous n'en avez jamais vu! (A madame de Boispéan et à sa femme.) Venez-vous, mesdames?

MADAME CHAUVINET.

Non, pour moi. J'ai quelque chose à dire à M. Edouard, et je l'emmène.

MADAME DE SAINT-GRELIN.

Edouard, votre bras à Mme Chauvinet.

ÉDOUARD.

Oui, maman. (Il offre son bras à madame Chauvinet.)

MADAME CHAUVINET, à Gabrielle, montrant les verres et les tasses.

Fais enlever tout cela, mon enfant. (Elle sort par la droite avec Édouard.)

CHAUVINET, à madame de Saint-Grelin.

Vous devriez mettre un voile.

MADAME DE SAINT-GRELIN.

A quoi bon ?

CHAUVINET.

Les mouches sont à craindre par cette chaleur !...
(A Gabrielle.) Un voile pour M⁰ᵉ de Saint-Grelin.

GABRIELLE.

J'y vais, mon oncle. (Elle entre à droite dans le pavillon.)

MADAME DE SAINT-GRELIN, la suivant des yeux.

Charmante enfant !

CHAUVINET.

Charmante ! (Avec un soupir.) Mais pauvre ! Ce n'est pas pour le lui reprocher que je le dis !... Les parents sont morts dans la misère, il y a quatre ans, laissant trois enfants... elle, Toto, ce gamin qui joue là-bas, et un grand frère de vingt-quatre ans. Celui-là ne m'inquiète plus... mais les deux autres...

MADAME DE SAINT-GRELIN.

C'est une lourde charge pour vous.

CHAUVINET, vivement.

Non... Je les aime de tout mon cœur ; et ce n'est pas pour quelques billets de mille francs..

GABRIELLE, apportant le voile.

Voici, madame.

MADAME DE SAINT-GRELIN.

Merci, mon enfant.

CHAUVINET.

Allons voir mes cactus.

(Madame de Saint-Grelin, madame de Boispéan et Chauvinet sortent par la gauche.)

SCÈNE II.

LUCIENNE, GABRIELLE.

GABRIELLE.
Nous sommes seules enfin !... Qu'est-ce que tu as ?
LUCIENNE.
Je t'ai déjà répondu. Rien.
GABRIELLE.
Rien ?... Sois donc franche. Ce mariage t'attriste
LUCIENNE.
Il m'étonne plus encore.
GABRIELLE.
Le fait est que la chose a été si imprévue et si brusque...
LUCIENNE.
Quand papa et maman, la semaine dernière, m'ont fait gravement asseoir entre eux deux et m'ont dit : « Nous allons te marier », je suis restée tout interdite. Je m'y attendais si peu !...
GABRIELLE.
Que tu n'as pas eu le courage de dire non.
LUCIENNE.
Le courage, ni même l'idée. Ils semblaient si heureux de la grande nouvelle qu'ils m'annonçaient ! Quels motifs, d'ailleurs, aurais-je allégués de mon refus ?
GABRIELLE.
Quels motifs ?... Mais tu connaissais M. Edouard.
LUCIENNE.
A peine.

GABRIELLE.

Assez du moins pour affirmer qu'il ne te convenait pas et ne pouvait pas te convenir... Un grand dadais à qui je n'ai encore entendu prononcer que deux mots : « Oui, maman ! »

LUCIENNE.

Un excellent cœur, à ce qu'il paraît.

GABRIELLE.

C'est beaucoup ; mais ce n'est peut-être pas assez. Et tu pourrais être la première à souffrir...

LUCIENNE.

Ne crains rien pour moi, ma chère Gabrielle. Mon père et ma mère m'adorent. Tu ne peux leur refuser, à eux, un sens droit, un jugement sûr.

GABRIELLE.

Veux-tu mon avis? Cette Mme de Saint-Grelin les a grisés avec ses grands airs, ses trente-six quartiers de noblesse, et son vieux manoir féodal, où, tout compte fait, on pourrait bien trouver plus de vieux sous que de louis d'or.

LUCIENNE.

Oh ! là-dessus...

GABRIELLE.

Cela ne t'inquiète pas, je le sais ; je t'en approuve et je pense comme toi. Mais les gros chiffres alignés par Mme de Saint-Grelin ne sont pas sans avoir pesé beaucoup pour tes parents... Je te le dis, ce mariage m'effraye pour toi, et me désole pour moi-même.

LUCIENNE.

Comment ?

GABRIELLE.

Je suis si bien habituée à te regarder comme ma

sœur! Cette douce intimité de tous les jours avait pour moi des charmes si puissants, que je n'y renonce pas sans chagrin.

LUCIENNE.

Y renoncer! Pourquoi?

GABRIELLE.

Je ne serai qu'une étrangère au milieu de ta nouvelle famille; une étrangère que, par égard pour toi, on daignera peut-être accueillir d'abord, mais que l'on éloignera peu à peu, et dont on finira par se débarrasser.

LUCIENNE, vivement.

Je ne compte donc pas, moi?... Je ne serai donc pas là pour te défendre, t'aimer... et te garder?

GABRIELLE.

Si!... Mais, tu auras beau faire, ta vie ne sera plus la mienne. Où tu seras, je ne serai pas toujours. L'oubli viendra peu à peu des chères heures de notre première jeunesse. Les lettres remplaceront les bonnes et intimes causeries d'aujourd'hui; elles se feront elles-mêmes plus rares avec le temps...

LUCIENNE, d'un ton de reproche.

Oh! Gabrielle!

GABRIELLE.

Ah! comme nous aurions été plus heureuses toutes les deux si les choses avaient tourné comme je le croyais... il y a huit jours encore!

LUCIENNE, un peu troublée.

Qu'espérais-tu donc?

GABRIELLE.

Que l'on tiendrait compte à mon frère Georges de son travail et de ses efforts; que l'on resserrerait en vous mariant les liens qui nous unissent tous! (Malicieusement.) N'y avais-tu pas un peu songé?

LUCIENNE.

C'est vrai.

GABRIELLE.

Georges est avocat. Il sera, dans quelque temps peut-être, nommé auditeur au conseil d'État. C'est un garçon d'avenir qui a autant de cœur, j'en puis jurer, que ce monsieur « oui maman », et qui, certainement, a plus d'intelligence et de mérite.

LUCIENE.

N'en parlons plus, ma pauvre Gabrielle. Tout est dit.

GABRIELLE.

Non pas.

LUCIENNE.

Ne fais rien, ne cherche rien contre ce mariage; ce serait me fâcher!

GABRIELLE, avec dépit.

Soit... puisque tu le veux... Mais j'espère encore que le hasard, si ce n'est le ciel, nous viendra en aide et sera plus clairvoyant que...

LUCIENNE.

Tais-toi, je t'en prie!

GABRIELLE.

Il faut si peu de chose pour renverser les projets les plus solides en apparence!... Il suffit d'une étincelle pour allumer un incendie...

LUCIENNE.

Encore une fois, Gabrielle...

GABRIELLE, gaîment.

Ah! si l'étincelle vient, tu me permettras bien de souffler dessus. (Appelant.) Rosine?

ROSINE, entrant par la porte du pavillon, à droite.

Mademoiselle?

GABRIELLE.

Enlevez ces tasses.

ROSINE.

Oui, mademoiselle.

LUCIENNE, presque gaiement à Gabrielle, en lui prenant le bras.

Viens faire un tour, petite sœur, et ne parlons plus de tout cela.

(Elles sortent par la gauche, troisième plan.

SCÈNE III.

ROSINE, puis LILINE et TOTO.

ROSINE.

M'est avis que mademoiselle ne paraît pas bien gaie de ce mariage-là!... Mais elle est si timide et si douce!...

(Au moment où Rosine se dispose à enlever les tasses, Toto entre par la gauche jouant au ballon; Liline accourt par la droite. Toto, sans le vouloir, lui envoie son ballon en pleine figure.)

LILINE, sèchement.

Faites donc attention, petit maladroit!

TOTO, ramassant son ballon.

Pourquoi que vous mettez votre figure devant mon ballon?

LILINE.

Mal élevé! (Elle lui arrache le ballon des mains.)

TOTO.

Mon ballon!... Voulez-vous me rendre mon ballon?

ROSINE, à Liline.

Allons... rendez-lui donc ça, voyons!

LILINE, avec dignité.

Quand il aura dit : Pardon, mademoiselle!

TOTO.

Ah ben, non!

LILINE.

Vous ne l'aurez pas, alors!

ROSINE, à part.

Petite mijaurée!

TOTO.

Je ne l'aurai pas?... Ah ben, si!

LILINE.

C'est ce que nous verrons.

TOTO.

Je l'aurai... parce que je suis le plus fort!

ROSINE.

Sois raisonnable, Toto!

TOTO, frappant du pied.

Je veux mon ballon!

ROSINE, à Liline, avec impatience.

Allons! rendez-lui ça... et dépêchons-nous!

LILINE, très digne.

Est-ce que vous avez des ordres à me donner?

ROSINE.

Ah ben!... s'il faut prendre des mitaines pour te parler à toi!

(Virginie est entrée en scène pendant cette réplique.)

SCÈNE IV.

ROSINE, VIRGINIE, LILINE, TOTO.

VIRGINIE, qui a entendu les derniers mots, d'un ton sec.

Pourquoi donc pas. (A Liline.) Qu'est-ce qu'il y a, ma petite Liline ?

LILINE.

Il m'a jeté son ballon dans la figure !

VIRGINIE.

Il t'a fait mal ?

LILINE.

Oui... Alors, j'y ai pris son ballon... et celle-là veut que je lui rende !

ROSINE, vexée.

Celle-là !... petite malhonnête !

VIRGINIE.

Elle ne peut cependant pas vous appeler Mme la duchesse !

ROSINE.

Oh ! je ne lui en demande pas tant !... Mais si elle y revient, je lui donnerai une leçon de politesse, à vot' petite !

VIRGINIE.

Avisez-vous d'y toucher !

ROSINE.

C'est peut-être vous qui m'en empêcherez ?

VIRGINIE.

Mais !

ROSINE.

Laissez donc !... plus de bruit que de besogne !...

J'en sais quéq'chose, depuis ce matin que vous êtes ici!... Vous êtes restée trois heures les bras croisés, et le reste du temps à rien faire.

VIRGINIE, s'animant.

Vous savez, il est toujours temps de s'y mettre!... et si vous m'échauffez les oreilles!

ROSINE, ironique.

Pas possible!... Mam'selle Fracasse, va!

VIRGINIE, d'un ton menaçant.

Fracasse!... Répétez donc!

(Madame de Boispéan entre par le fond.)

SCÈNE V.

VIRGINIE, ROSINE, MADAME DE BOISPÉAN, TOTO, LILINE.

MADAME DE BOISPÉAN.

Que signifie tout ce bruit?

LILINE.

C'est Virginie qui a raison!

TOTO.

Pas vrai! c'est Rosine!

VIRGINIE.

Madame...

MADAME DE BOISPÉAN, sévèrement.

Que vous ayez tort ou raison, c'est à vous de céder!

VIRGINIE.

Je ne veux pas qu'on m'appelle mam'selle Fracasse!

MADAME DE BOISPÉAN.

Taisez-vous! et emmenez Liline!

LILINE.

Maman...

MADAME DE BOISPÉAN.

Va, ma fille, va!

VIRGINIE, à part.

Nous ne sommes ici que pour vingt-quatre heures... heureusement!

(Elle jette le ballon à Toto, et sort avec Liline par la droite.)

MADAME DE BOISPÉAN, à Rosine.

Je ne sais pas, mademoiselle, ce qui s'est passé entre ma femme de chambre et vous... Je ne veux pas le savoir... Mais c'est une fille très douce, toujours polie...

ROSINE.

Avec vous, je ne dis pas.

MADAME DE BOISPÉAN.

Et je regrette que vous m'ayez obligée à la traiter si durement.

ROSINE.

Je vous ai obligée à rien, moi!... Vous faites ce que vous voulez... ça vous regarde!

TOTO.

C'est vrai, ça!

ROSINE.

Vas-tu te taire, toi!

MADAME DE BOISPÉAN.

Est-ce que vous parlez à vos maîtres sur ce ton-là?

ROSINE.

Il paraît que ça ne leur déplaît pas, puisqu'ils me gardent.

MADAME DE BOISPÉAN.

Eh bien, je vous avertis que je suis moins indulgente... et je vous prie de ne pas oublier que je suis presque de la famille !

ROSINE.

En attendant, c'est pas vous qui me payez mes gages.

MADAME DE BOISPÉAN, perdant patience.

Vous êtes une impertinente !... Et si j'informais M. Chauvinet de tout ceci, vous pourriez bien quitter la maison un peu plus tôt que vous n'y comptiez.

ROSINE.

Oh ! vous n'avez que faire de vous mettre la tête à l'envers pour ça !... Je lui dirai moi-même si vous voulez !... Viens, Toto !

(Gabrielle entre par la gauche.)

MADAME DE BOISPÉAN, à Rosine.

Je vous fais mon compliment des exemples que vous donnez à ce petit garçon !

(Rosine et Toto sortent par la droite, premier plan.)

SCÈNE VI.

GABRIELLE, MADAME DE BOISPÉAN.

GABRIELLE, en riant.

Est-ce qu'elle marche aussi dans les plates-bandes ?

MADAME DE BOISPÉAN, d'un ton un peu sec.

Non, mademoiselle. Mais elle est d'une inqualifiable grossièreté.

GABRIELLE.

Elle est un peu brusque, c'est vrai.

MADAME DE BOISPÉAN.

Vous êtes indulgente !

GABRIELLE, blessée, à part.

Oh! quel ton! (Haut.) Ce n'est pas sur un mot, lancé quelquefois sans réflexion, qu'il faut juger les gens! Rosine est depuis longtemps à notre service; elle nous est très dévouée...

MADAME DE BOISPÉAN, ironiquement.

Et c'est sur moi que tombent les preuves de votre reconnaissance !... Je vous en remercie !

GABRIELLE.

Je croyais n'avoir rien dit qui pût vous blesser.

MADAME DE BOISPÉAN.

Et je croyais, moi, mademoiselle, qu'injuriée par votre domestique, je trouverais auprès de vous un appui.

GABRIELLE.

Injuriée est peut-être beaucoup dire.

MADAME DE BOISPÉAN.

C'est presque un démenti.

GABRIELLE.

En admettant que Rosine eût quelques torts envers vous, ce n'était pas à moi de l'en réprimander ou de l'en punir... J'ai pris légèrement une chose légère... Je ne pouvais faire plus.

MADAME DE BOISPÉAN, très sèchement.

Ni moins.

GABRIELLE, froidement.

J'espère, toutefois, que cette puérile discussion ne gâtera pas une journée qui doit être pour nous tous une journée de fête.

MADAME DE BOISPÉAN.

Le cas échéant, mademoiselle, ce n'est pas à moi qu'en serait la faute.

GABRIELLE.

Soit, madame. Nous partagerions ; voilà tout.

MADAME DE BOISPÉAN.

Permettez-moi de n'accepter cette solution pas plus que les grossièretés de votre bonne. Je ne cède pas toujours quand j'ai tort ; je ne cède jamais quand je crois avoir raison.

GABRIELLE.

On a quelquefois raison dans le fond et tort dans la forme.

MADAME DE BOISPÉAN.

Vous êtes un peu jeune pour donner des leçons !... A votre âge, moi, je me contentais d'en recevoir.

GABRIELLE.

Je n'en reçois que de ceux qui ont le droit de m'en donner.

MADAME DE BOISPÉAN.

Il est regrettable, en vérité, que ceux-là n'aient pas été plus nombreux ou plus sévères.

(Madame de Saint-Grelin entre par la gauche.)

GABRIELLE.

Tout imparfaite que je suis, je me trouve bien quand je me compare.

MADAME DE BOISPÉAN, avec hauteur et d'un ton menaçant.

Mademoiselle !

GABRIELLE, ironiquement.

Oh ! prenez garde, madame ! La colère est une vilaine chose !

SCÈNE VII.

GABRIELLE, MADAME DE SAINT-GRELIN, MADAME DE BOISPÉAN.

MADAME DE SAINT-GRELIN, qui a entendu la fin de la scène.
A madame de Boispéan.

Mademoiselle a raison, ma chère enfant ; il y a des impertinences qu'il faut dédaigner.

GABRIELLE, vivement.

Aussi ai-je déjà oublié celles de madame.

MADAME DE SAINT-GRELIN.

Cela n'a pas dû vous coûter beaucoup, mademoiselle. Ma fille est une Saint-Grelin !... qui n'a pas oublié, j'en suis sûre, qui n'oublie jamais ce qu'elle se doit à elle-même.

GABRIELLE.

Mais qui oublie volontiers ce qu'elle doit aux autres.

MADAME DE SAINT-GRELIN.

Moins peut-être, mademoiselle, que vous ne l'oubliez vous-même !... Avec un peu de mémoire, vous auriez compris que votre situation ici vous imposait plus de réserve et de tenue.

GABRIELLE.

Ma situation?

MADAME DE SAINT-GRELIN.

M. Chauvinet, votre oncle, serait, je crois, le premier à s'étonner de vous voir nous tenir tête et jeter le trouble dans sa famille.

GABRIELLE.

Je ne comprends pas.

MADAME DE SAINT-GRELIN.

Et ces petites mines arrogantes ne sont guère de mise dans une maison où l'on a été recueillie... par charité.

GABRIELLE, douloureusement.

Oh! Madame! (Elle se cache la tête dans les mains, en pleurant. Chauvinet entre.)

SCÈNE VIII.

MADAME DE SAINT-GRELIN, MADAME DE BOISPÉAN, GABRIELLE, CHAUVINET.

CHAUVINET, à Gabrielle.

Eh bien!... eh bien!... qu'est-ce que tu as?... Pourquoi pleures-tu?

MADAME DE SAINT-GRELIN.

N'insistez pas, mon cher Chauvinet... Je désire vivement que tout ceci reste entre mademoiselle et nous.

CHAUVINET.

Cependant...

MADAME DE BOISPÉAN.

Moins que rien, monsieur... Et ce n'est vraiment pas la peine d'en prendre souci.

MADAME DE SAINT-GRELIN.

Nous avons déjà oublié les bien légers torts de mademoiselle.

GABRIELLE, vivement. Se levant.

Eh bien, soit! je les avoue, madame... mais bien légers, comme vous le dites. Et vous me les avez fait payer trop cher en me jetant cruellement au visage des bienfaits que l'on ne m'avait jamais reprochés.

CHAUVINET, surpris.

Comment!... Mᵐᵉ de Saint-Grelin?...

GABRIELLE, pleurant encore.

...Vient de me dire que l'on ne devait pas élever la voix dans une maison où l'on avait été recueillie par charité !

CHAUVINET.

Oh! le mot est cruel, madame!

GABRIELLE.

Si cruel, que je n'ai pas eu la force de vous le cacher.

CHAUVINET, l'embrassant.

Et tu as bien fait... tu as bien fait !... Mᵐᵉ de Saint-Grelin ne sait pas ce que tu es pour nous !.. Ce m'est une occasion de le lui dire. (A madame de Saint-Grelin.) Gabrielle, madame, est l'enfant de la maison... Je l'aime comme ma fille !... et je suis désolé... vraiment désolé de...

MADAME DE SAINT-GRELIN, un peu sèchement.

N'en parlons donc plus, mon cher Chauvinet.

CHAUVINET.

Ah ! grand Dieu !... je ne demande que cela !... Quel chagrin ce serait pour moi de voir un nuage — si léger fût-il — s'élever entre nous... aujourd'hui surtout! (Prenant la main de Gabrielle, et essayant de la rapprocher de celle de madame de Saint-Grelin.) Gabrielle... mon enfant... je t'en prie !

GABRIELLE.

Pour vous, mon oncle, il n'est rien que je ne fasse.

CHAUVINET, même jeu. A madame de Saint-Grelin.

Allons, chère madame, allons... elle a reconnu ses torts, la chère enfant... Elle est jeune, d'ailleurs...un peu étourdie... et c'est à nous, (en souriant) les vieux, de donner l'exemple de la raison.

MADAME DE SAINT-GRELIN, regimbant.

Les vieux !... Voilà une familiarité, mon cher monsieur Chauvinet...

CHAUVINET, légèrement agacé.

Mettons que j'ai eu tort, à mon tour.

MADAME DE SAINT-GRELIN.

Ce n'est malheureusement pas la première fois.

CHAUVINET, surpris et froissé.

Comment !... Moi !... je...?

MADAME DE SAINT-GRELIN.

Puisque vous avez saisi cette occasion de manifester si hautement vos sentiments d'affection pour mademoiselle...

CHAUVINET.

Tout naturels, je crois.

MADAME DE SAINT-GRELIN.

...Vous ne vous étonnerez pas que j'en profite pour vous prier de vouloir bien ne pas abuser avec nous de certaines expressions, qui peuvent ne pas choquer dans votre monde...

CHAUVINET, vexé.

Ah !... permettez, madame, je...

MADAME DE SAINT-GRELIN, continuant.

...Mais qui sont regardées comme blessantes dans le nôtre.

CHAUVINET.

Voilà des nuances...

MADAME DE SAINT-GRELIN.

Des nuances si vous voulez... mais qui ont leur prix.

(Édouard et madame Chauvinet entrent par la droite.)

CHAUVINET, s'efforçant de rester calme.

Mon Dieu, madame... soit... je le veux bien... laissons tout cela... Je suis désolé...

MADAME DE SAINT-GRELIN, très digne.

Je le crois... et j'accepte volontiers l'expression de vos regrets.

MADAME CHAUVINET, à part.

Elle le prend d'un peu haut, ce me semble.

MADAME DE SAINT-GRELIN, à Chauvinet.

Et je vous demande pardon, à mon tour, de ces quelques observations... (Avec hauteur.) Mais sur les points de dignité, je suis intraitable; je tiens, en toute occasion, à rester ce que j'ai toujours été, ce que je suis, — une Saint-Grelin !

SCÈNE IX.

MADAME DE SAINT-GRELIN, MADAME DE BOISPÉAN, ÉDOUARD, CHAUVINET, GABRIELLE, MADAME CHAUVINET.

MADAME CHAUVINET, froissée par les derniers mots de madame de Saint-Grelin.

Il me semble, madame, que la dignité des Saint-Grelin n'est pas faite autrement que la dignité des Chauvinet.

CHAUVINET, essayant de calmer sa femme.

Ma chère amie...

MADAME CHAUVINET.

Ah! laissez-moi parler!... Il me semble que madame, en sollicitant pour son fils la main de Lucienne...

CHAUVINET, très obséquieux.

Honneur dont, pour ma part, je ne saurais m'estimer trop heureux.

MADAME CHAUVINET.

Soit. Mais en nous le faisant, cet honneur, madame n'a pas jugé sans doute que la distance fût si grande entre elle et nous.

(Rosine paraît au fond, et remet sans rien dire une lettre à Gabrielle.)

MADAME DE SAINT-GRELIN, avec un peu moins de raideur.

L'estime que j'avais et que j'ai toujours, madame, pour vous et pour les vôtres m'a fait passer sur les considérations de naissance et de nom...

MADAME CHAUVINET.

Tout comme l'estime que nous vous portons nous a fait passer sur les considérations de fortune.

MADAME DE SAINT-GRELIN, se redressant.

Qu'est-ce à dire?

ÉDOUARD, essayant de s'interposer.

Maman...

MADAME DE SAINT-GRELIN.

Taisez-vous, Edouard.

ÉDOUARD.

Oui, maman.

MADAME DE SAINT-GRELIN, à madame Chauvinet.

Prétendriez-vous, par hasard, que nous n'avons voulu faire qu'un marché?

CHAUVINET, vivement.

Vous vous méprenez, chère madame, sur le sens des paroles de Mme Chauvinet.

MADAME DE SAINT-GRELIN.

Il est clair qu'en songeant pour mon fils Édouard à une famille de petite bourgeoisie...

MADAME CHAUVINET, s'animant.

La petite bourgeoisie vaut quelquefois la petite noblesse.

CHAUVINET, d'un ton suppliant.

Ma chère amie!...

MADAME DE SAINT-GRELIN, se rebiffant.

Nous remontons à Louis XV, madame, et nos aïeux approchaient le roi, pendant que les vôtres vendaient sur le pont Neuf des pourpoints et des hauts-de-chausses!

CHAUVINET, même jeu. A madame de Saint-Grelin.

Madame!... je vous en prie!...

MADAME CHAUVINET.

Ce qui leur a permis de gagner de bons écus d'or et d'argent que vous ne dédaignez pas aujourd'hui.

MADAME DE SAINT-GRELIN, furieuse.

Mais que nous refusons, madame!

MADAME CHAUVINET, même jeu.

Et que nous serons heureux de ne pas vous donner, madame!

MADAME DE SAINT-GRELIN.

Inutile de vous dire que nous nous quittons pour ne plus nous revoir!... Édouard! venez!

ÉDOUARD.

Oui, maman.

MADAME DE SAINT-GRELIN, fièrement à Chauvinet.

Voilà comment nous élevons nos enfants, monsieur!
(Elle sort par la droite avec Édouard.)

MADAME DE BOISPÉAN, appelant.

Virginie?

VIRGINIE, paraissant à droite, premier plan.

Madame?

MADAME DE BOISPÉAN.

Le chapeau de Liline !... vite ! Nous partons !

VIRGINIE.

Ah ! quelle chance !

MADAME DE BOISPÉAN.

Vous nous rejoindrez à la gare. (Elle sort par la droite, deuxième plan.)

VIRGINIE, à part.

Et ça ne sera pas long ! (Elle sort par la droite, premier plan.)

SCÈNE X.

CHAUVINET, MADAME CHAUVINET, GABRIELLE, puis LUCIENNE.

CHAUVINET, désolé.

Mais ils s'en vont tous !

MADAME CHAUVINET.

Bon voyage !

LUCIENNE, entrant par la droite.

Que se passe-t-il donc, père ?... Je viens de rencontrer Mᵐᵉ de Saint-Grelin, qui n'a pas eu l'air de me voir !

GABRIELLE, battant des mains.

Elle s'en va !

LUCIENNE, étonnée.

Comment !... mon mariage ?...

GABRIELLE.

Rompu !

LUCIENNE, involontairement.

Ah ! quel bonheur !

CHAUVINET, stupéfait.

Hein ?

LUCIENNE, confuse.

Pardon, papa... mais...

MADAME CHAUVINET, qui a compris.

Dieu soit loué !... Nous allions faire une jolie sottise !

CHAUVINET.

Mais quel scandale, ma chère amie !... Deux heures sonnent... nos invités vont arriver... ils savent tous que c'est un dîner de fiançailles... et nous n'avons plus de fiancé !

GABRIELLE.

En cherchant un peu, mon oncle, il ne serait pas difficile d'en trouver un.

CHAUVINET.

Où ça ?

GABRIELLE.

Mais... ici même... tout à l'heure.

CHAUVINET, surpris.

Parmi nos invités ?

GABRIELLE.

Peut-être.

CHAUVINET.

Je ne vois pas... (Il cherche en comptant sur ses doigts.)

GABRIELLE.

Ne comptez pas ; vous en oublieriez un certainement.

CHAUVINET.

Qui ça ?

GABRIELLE.

Georges... mon frère...

CHAUVINET, à part.

Tiens !

MADAME CHAUVINET, à part.

Au fait !

GABRIELLE.

... Qui vient d'être nommé auditeur au conseil d'État.

MADAME CHAUVINET.

Pas possible !

GABRIELLE, lui présentant la lettre que Rosine lui a remise.

Tenez !

(Madame Chauvinet parcourt la lettre et la passe à son mari.)

CHAUVINET.

Hé... ma foi... si j'étais sûr que la chose ne déplût pas trop à Lucienne...

LUCIENNE.

Oh !... papa !... Si vous saviez comme je vous aime aujourd'hui ! (Elle se jette dans ses bras. La toile tombe.)

IL N'EST SI PETIT QUI NE COMPTE

PERSONNAGES.

Le chevalier de MÉDRANE, trente ans.
JASMIN, valet de chambre de M. de Choiseul, cinquante ans.
LAFFAIRÉ, huissier, soixante ans.
La marquise d'ESPARBAC, quarante-cinq ans.
CLOTILDE, sa fille, dix-huit ans.
SUZETTE, paysanne, seize ans.
CORALIE, femme de chambre de Mme de Choiseul, vingt ans.

La scène se passe à Versailles, en 1762.

IL N'EST SI PETIT QUI NE COMPTE

Un grand salon, servant d'antichambre, chez le duc de Choiseul, premier ministre de Louis XV. Au fond, une porte à deux vantaux. A droite, une porte communiquant avec les appartements du duc ; à gauche, une porte communiquant avec ceux de la duchesse. Au premier plan, à droite, une table, couverte d'un tapis vert, et des chaises. A gauche et au fond, d'autres sièges.

SCÈNE PREMIÈRE.

LAFFAIRÉ, JASMIN, puis CORALIE.

Au lever du rideau, Laffairé, à la porte du fond, repousse la foule des solliciteurs ; Jasmin est étendu à gauche dans un fauteuil.

LAFFAIRÉ, à la cantonade.

Un peu de patience, messieurs !... monseigneur ne reçoit pas encore... monseigneur travaille ! (Il ferme la porte et descend.)

JASMIN, gouailleur.

Monseigneur est même très occupé, monsieur Laffairé. Au moment où je suis sorti de son cabinet, il était gravement en train de couper en quatre, en huit et en seize... de petits morceaux de papier qu'il jetait dans le feu, pendant que M. le chevalier de Médrane, son secrétaire, tambourinait derrière lui sur les vitres.

LAFFAIRÉ.

Monseigneur ne recevra peut-être pas.

JASMIN.

Cela se pourrait bien. Moi excepté, il ne souffre pas que personne lui adresse la parole en ce moment.

LAFFAIRÉ.

Il est inabordable, en effet, depuis quelques jours.

JASMIN.

Oui, depuis que madame la duchesse lui tient rigueur.

LAFFAIRÉ.

A propos de cette querelle au jeu du roi ?

JASMIN, se levant.

Précisément.

(Coralie entre par la gauche.)

LAFFAIRÉ, à Coralie.

Qu'y a-t-il pour votre service, mademoiselle Coralie ?

CORALIE, à Jasmin.

Madame la duchesse fait dire à M. le duc qu'elle ne pourra pas l'accompagner ce soir chez M. de Richelieu.

LAFFAIRÉ.

Madame la duchesse est donc toujours ?...

CORALIE.

Furieuse !... Moi exceptée, je ne crois pas qu'en ce moment elle souffrirait que personne la vînt distraire de son ennui.

JASMIN.

Que vous disais-je, monsieur Laffairé ? (A Coralie.) Je vais faire votre commission, Coralie. (Il sort par la droite.)

CORALIE.

A bientôt, monsieur Jasmin. (Elle sort par la gauche. Au même instant, la porte du fond s'ouvre avec violence. La marquise d'Esparbac et Clotilde entrent, l'air agité.)

SCÈNE II.

LA MARQUISE, CLOTILDE, LAFFAIRÉ.

LA MARQUISE, aux gens du dehors.

Je n'ai pas pour habitude de faire antichambre... manants ! (Elle descend.) Bonjour, Laffairé.

LAFFAIRÉ, saluant très bas.

Madame la marquise !

LA MARQUISE.

A-t-on idée d'une pareille impertinence?... Ces bourgeois, des gens de rien, ne prétendaient-ils pas me barrer le passage?... Il ferait beau voir que la marquise d'Esparbac... qui a un tabouret!... n'eût pas ses entrées chez M. de Choiseul !

CLOTILDE.

Le peuple devient d'une insolence !

LA MARQUISE.

Cela n'est pas étonnant, ma fille ; on perd les bonnes traditions. On le ménage, on le flatte... au lieu de le tenir à distance. (A Laffairé.) Eh bien ! annoncez-nous, Laffairé.

LAFFAIRÉ.

Impossible en ce moment, madame la marquise... Monseigneur travaille avec M. le chevalier de Médrane, son secrétaire.

LA MARQUISE.

Ah!... Eh bien, nous attendrons... et, dès que M. le chevalier sortira...

LAFFAIRÉ.

Je prendrai les ordres de Monseigneur. (Il sort par le fond.)

SCÈNE III.

LA MARQUISE, CLOTILDE.

LA MARQUISE, s'asseyant.

Je suis encore toute bouleversée de l'impertinente audace de ces bourgeois!

CLOTILDE.

C'est leur faire trop d'honneur, en vérité.

LA MARQUISE.

Encore un peu, nous restions dehors.

CLOTILDE.

Nous aurions vu le duc, ce soir, chez M. de Richelieu.

LA MARQUISE.

Et, ce soir, il aurait peut-être été trop tard... La nouvelle de cette vacance a pu s'être ébruitée déjà. Les demandes vont pleuvoir!... Et les derniers venus ont toujours tort.

CLOTILDE.

Doutez-vous donc que M. de Choiseul?...

LA MARQUISE.

Non, ma chère enfant, non certes!... Nous ne sommes pas de ceux à qui l'on refuse quelque chose. Votre arrière-grand-père était premier officier de bouche du roi Louis XIII. Ces choses-là ne s'oublient pas!

CLOTILDE.

Mon frère sera donc colonel.

LA MARQUISE.

Dès que nous aurons la parole de M. de Choiseul, tout sera dit. Le roi ne voit que par ses yeux... J'aurais préféré un autre régiment à celui-là... qui est en campagne... Mais il faut se contenter de ce qu'on trouve ; et puisque M. de Chamilli est le seul de ces messieurs qui ait eu le bon esprit de se faire tuer, prenons sa place en attendant mieux.

CLOTILDE.

Henri sera forcé de partir !

LA MARQUISE.

Pourquoi ça?

CLOTILDE.

Si son régiment est en campagne...

LA MARQUISE.

Eh bien !... est-ce qu'il n'y a pas un lieutenant-colonel à ce régiment?... un officier de fortune... un homme de rien ! Il terminera la campagne, et quand la paix sera signée, mon fils se rendra, comme il le doit, à son poste. Je ferai en sorte qu'il tienne garnison à proximité de la cour... et nous verrons à le marier.

CLOTILDE.

Quel est le prix de ce régiment?

LA MARQUISE.

Cent mille livres ! mais sur parole. Je m'entendrai avec Choiseul à cet égard-là. Il m'a quelques obligations... (Se levant avec impatience.) Mais voilà plus d'une heure que nous sommes là !...

CLOTILDE.

Si le duc travaille...

LA MARQUISE.

Il travaille... il travaille !... Est-ce que je ne travaille pas, moi ?... Tout le monde travaille !... Si Laffairé l'avait averti de notre présence !... Mais toute cette valetaille est la même.

(Le chevalier de Médrane entre par la droite.)

SCÈNE IV.

LA MARQUISE, CLOTILDE, LE CHEVALIER.

LA MARQUISE.

Ah ! chevalier...

LE CHEVALIER, saluant.

Madame la marquise !... mademoiselle !

LA MARQUISE.

Nous pouvons entrer, n'est-ce pas ?

LE CHEVALIER.

En ce moment, non, madame la marquise.

LA MARQUISE.

Comment !

LE CHEVALIER.

Monseigneur vient de me dire que l'audience ne commencerait pas avant une heure... Un travail important pour Sa Majesté...

LA MARQUISE.

Ah ! cela me contrarie au dernier point !

LE CHEVALIER.

Dès que la consigne sera levée, je ne doute pas que M. le duc ne vous reçoive avant tout autre.

LA MARQUISE.

Je n'en doute pas plus que vous. Mais il est très désagréable d'attendre ainsi.

LE CHEVALIER, en courant.

Une fois n'est pas coutume.

LA MARQUISE, d'un air hautain.

Heureusement !... Dites-moi, chevalier ?

LE CHEVALIER.

Madame ?

(La porte du fond s'entr'ouvre, et Suzette se glisse vivement en scène. Voyant du monde, elle s'arrête au fond et semble hésiter à descendre.)

LA MARQUISE.

Un mot, entre nous ?... La mort de M. de Chamilli a-t-elle été officiellement annoncée ?

LE CHEVALIER.

Oui, madame.

LA MARQUISE.

Ah !... et le régiment a-t-il été demandé par quelqu'un ?

LE CHEVALIER.

Par personne encore que je sache.

LA MARQUISE.

Merci de cette bonne nouvelle. (A Clotilde.) Nous sommes sûres du succès, ma chère enfant ; dès que notre ami M. de Choiseul saura que mon fils se met sur les rangs...

LE CHEVALIER.

Ah ! c'est pour cela que...

LA MARQUISE.

Pas pour autre chose... puisque nous devons voir le duc ce soir... mais je tiens à...

(Suzette, lasse d'attendre, descend, et s'approche du chevalier.)

SCÈNE V.

LA MARQUISE, CLOTILDE, LE CHEVALIER, SUZETTE, puis LAFFAIRÉ.

SUZETTE, coupant la parole à la marquise.

Fait' excuse, monsieur l'officier!... J' suis bien vot' servante.

LA MARQUISE, cherchant à l'écarter.

C'est bon, c'est bon, petite!... Je vous disais donc, chevalier...

SUZETTE, se rapprochant du chevalier.

J' voudrais bien parler à M^{sr} le duc de Choiseul.

LE CHEVALIER, avec douceur.

Impossible, ma belle enfant.

CLOTILDE, sèchement.

Impossible!... allez, c'est entendu.

SUZETTE.

C'est que c'est pour affaire pressée, monsieur l'officier!

LE CHEVALIER, en souriant.

Vraiment?

SUZETTE.

J' vais vous dire la chose... ça ne sera pas long. (La marquise et Clotilde haussent les épaules avec impatience.) Je vais me marier... ou plutôt je devais me marier... la semaine prochaine... avec Nicolas, un de mes pays, qui est...

LA MARQUISE, l'interrompant brusquement.

Mais tout cela ne nous intéresse pas.

CLOTILDE.

Et n'intéresse pas plus que nous monsieur le chevalier, j'en suis sûre.

SUZETTE.

Vrai, monsieur l'officier?

LE CHEVALIER.

Je ne demanderais pas mieux, mon enfant, que de vous servir; mais M. le duc travaille... avec Sa Majesté.

SUZETTE.

Le roi!... Ah! si je pouvais parler au roi, l'affaire de Nicolas serait bentôt arrangée.

LA MARQUISE, dédaigneuse et ironique.

Parler au roi!... vous!

SUZETTE, blessée.

Eh ben, pourquoi pas?... Vous lui parlez ben!

LA MARQUISE, suffoquée.

Hein?... quoi?... comment?... Vous avez dit?...

SUZETTE.

Mes paroles ne lui écorcheraient pas les oreilles plus que les vôtres.

LA MARQUISE, levant les bras au ciel.

Dans quel temps vivons-nous!

CLOTILDE.

C'est intolérable!

LA MARQUISE.

On entre ici comme dans un moulin!... Et c'est la fin du monde si, dans les salons mêmes du premier ministre, nous sommes exposées aux impertinences d'une péronnelle!

SUZETTE, furieuse.

Péronnelle!... Ah ben, par exemple!

LE CHEVALIER, doucement.

Éloignez-vous, mon enfant... éloignez-vous.

SUZETTE.

Pas avant de lui avoir dit son fait, à cette vieille sorcière en falbalas!

LA MARQUISE, tombant sur une chaise.

Sorcière!... ah!... j'étouffe!

CLOTILDE.

Remettez-vous, ma mère!

LA MARQUISE, se relevant brusquement.

Sortez, petite misérable!... (Appelant.) Laffairé!... Laffairé!

LAFFAIRÉ, rentrant par le fond.

Madame la marquise m'a appelé?

LA MARQUISE, montrant Suzette.

Jetez dehors cette petite peste!

LE CHEVALIER, à Suzette.

Allez! (bas) et revenez tout à l'heure.

SUZETTE, furieuse, à la marquise.

Que oui! que je reviendrai!... et si je peux vous jouer un mauvais tour!

(Laffairé l'entraîne doucement jusqu'à la porte du fond et sort avec elle.)

LE CHEVALIER, à la marquise.

Marquise, vous venez de vous faire une ennemie.

CLOTILDE.

Pas bien dangereuse, Dieu merci!

LE CHEVALIER, en souriant.

Qui sait?

LA MARQUISE, dédaigneusement.

Une paysanne, une servante aurait assez de crédit

à la cour pour nuire à la duchesse douairière d'Esparbac !

LE CHEVALIER, même jeu.

Hé ! hé !...

LA MARQUISE.

Allons, chevalier ! allons ! ces gens-là ne comptent pas ! et c'est leur faire trop d'honneur que de s'en occuper si longtemps !... Choiseul, dites-vous, ne recevra pas avant une heure ?

LE CHEVALIER.

Au plus tôt.

CLOTILDE.

Nous avons le temps d'aller jusqu'à l'hôtel de Soubise ?

LE CHEVALIER.

Assurément.

LA MARQUISE.

Eh bien, chevalier, donnez-moi le bras, je vous prie, et accompagnez-moi jusqu'à mon carrosse... Je ne veux pas avoir à subir encore une fois les quolibets de cette foule de manants et de vilains qui encombrent l'escalier.

(Le chevalier offre son bras à la marquise. Ils sortent avec Clotilde par le fond. Laffairé les salue profondément, ferme la porte et reste en scène.)

SCÈNE VI.

LAFFAIRÉ, puis SUZETTE, puis JASMIN.

LAFFAIRÉ.

La marquise est un peu hautaine... cela pourrait bien lui coûter cher, un jour ou l'autre.

SUZETTE, rentrant vivement par la gauche.

Me v'là !

LAFFAIRÉ, stupéfait.

Hé !... par où diable êtes-vous passée ?

SUZETTE.

Ah ! je n'en sais rien !... J'ai ouvert toutes les portes... et de porte en porte, de salon en salon... (Suffoquant de colère.) Péronnelle ! A-t-on jamais vu !... Je lui conterai ça aussi, à M. de Choiseul !... Où est-il ?

LAFFAIRÉ, montrant la droite.

Là... mais...

SUZETTE.

Il est avec le roi ?... Ça ne fait rien... ça ne me gêne pas !... (Reconnaissant Jasmin qui entre en ce moment par la droite.) Tiens ! monsieur Joseph !

JASMIN, la reconnaissant.

Suzette !... la fille à la vieille mère Simon !... Ça va bien ?

SUZETTE.

Pas mal, je vous remercie, monsieur Joseph.

JASMIN.

Jasmin, s'il te plaît... Jasmin.

SUZETTE.

Ah !... Et ça va bien aussi, vous, monsieur Joseph ?

JASMIN, en riant.

Comme tu vois... Et du pays, quelles nouvelles ?

SUZETTE.

Ah ! vous m'en demandez beaucoup !... V'là quatre ans que j'lai quitté, le pays.

JASMIN.

Bah !... Tu es en place à Paris ?

SUZETTE.

Oui, chez un marchand drapier de la rue Saint-Denis... et j'vais épouser Nicolas, le premier commis... c'est-à-dire que je l'épouserai si j'obtiens justice!... Vous m'aiderez, n'est-ce pas, monsieur Joseph?

JASMIN.

De tout mon cœur, ma petite Suzette. De quoi s'agit-il?

SUZETTE.

Il faut vous dire d'abord que Nicolas est un très bel homme. Il a au moins (Montrant sa main) ça de plus que vous!

JASMIN, en riant.

Oh! oh!

SUZETTE.

Malheureusement!... sans ça il ne lui serait rien arrivé! S'il avait été seulement bancal ou bossu, on ne l'aurait pas enrôlé de force dans un régiment.

JASMIN.

De force?... Es-tu bien sûre?...

SUZETTE.

On l'a grisé, monsieur Joseph! oh! mais grisé si bien qu'on lui a fait signer je ne sais quel papier... et que, ce matin, on est venu le chercher... et qu'il ne voulait pas partir, et qu'il pleurait, et qu'on l'a emmené!... Alors j'ai mis mes plus beaux atours et je suis venue, et je ne m'en irai pas sans Nicolas! (Remontant vers la porte du fond.) Et c'est pas vous qui m'en empêcherez, vieille sorcière!

JASMIN.

A qui en as-tu donc, Suzette?

SUZETTE.

A une belle dame qui n'est plus là... et à qui j'aurais dit son fait, si on ne m'avait pas mise à la porte... par son ordre... Mais elle me le payera !

JASMIN.

Et cette belle dame?...

LAFFAIRÉ.

La marquise d'Esparbac.

JASMIN.

Oh!... ça ne m'étonne pas !... La plus désagréable, la plus fière et la plus insolente caricature qu'il y ait à la cour !

SUZETTE.

Ah! si vous pouviez me venger d'elle, monsieur Joseph !

JASMIN.

Je ne vengerais pas que toi, Suzette. Il n'est personne ici qui n'ait eu à souffrir de ses impertinentes prétentions. Et si je pouvais...

SUZETTE, vivement.

Mais, vous savez... Nicolas d'abord !

(Coralie entre par la gauche.)

JASMIN.

Quel bon tour pourrait-on lui jouer ?

SCÈNE VII.

JASMIN, SUZETTE, CORALIE, LAFFAIRÉ.

CORALIE, qui a entendu les derniers mots.

A qui?

JASMIN.

A la marquise d'Esparbac, qui...

CORALIE.

Suffit!... Si c'est d'elle qu'il est question, je suis du complot.

SUZETTE.

Oh! mam'zelle, que vous êtes gentille!

CORALIE.

Monsieur Laffairé?

LAFFAIRÉ.

Mademoiselle Coralie?

CORALIE.

Savez-vous ce que venait demander Mᵐᵉ la marquise?

LAFFAIRÉ.

Ma foi...

SUZETTE.

Elle a parlé devant moi de la mort d'un M. de Chamilli... et d'un régiment.

CORALIE.

Bon!... c'est le régiment qu'elle venait chercher pour le comte, son fils... Eh bien, Jasmin, le bon tour est tout trouvé.

JASMIN, hochant la tête.

Reste à le jouer.

(Laffairé sort par le fond.)

CORALIE.

Oh!... ça ne sera peut-être pas si difficile que vous le croyez.

JASMIN.

Voyons cela.

CORALIE.

Mᵐᵉ la duchesse est au plus mal en ce moment avec M. le duc, et le meilleur moyen de lui plaire est de paraître aimer les gens qu'il n'aime pas. Rien que pour le plaisir de lui faire pièce, elle solliciterait du roi la grâce de son plus cruel ennemi.

JASMIN.

Fort bien... Je vois où vous en voulez venir... et c'est une idée.

CORALIE.

J'imagine que, de son côté, M. le duc est très monté contre Mme la duchesse. Il donnerait ses faveurs au premier venu s'il se doutait seulement que cela pût lui être désagréable.

JASMIN.

J'en réponds.

CORALIE.

Eh bien, Jasmin, j'ai quelque influence auprès de Mme la duchesse.

JASMIN.

Je ne suis pas sans crédit auprès de M. le duc.

CORALIE.

Et je me chargerais de cette affaire si nous savions à qui donner le régiment.

SUZETTE.

Eh ben... et M. le chevalier.

CORALIE.

Tiens... au fait... un homme charmant... soldat de mérite...

JASMIN.

Oui... mais pas le sou.

CORALIE.

Ce sera l'affaire de Mme la duchesse.

JASMIN.

Le brevet regarde M. le duc.

CORALIE.

A l'œuvre!

JASMIN.

Sois tranquille, Suzette... tu seras vengée.

SUZETTE.

Oui... Mais Nicolas dans tout ça?

CORALIE.

On y songera plus tard. (Elle sort par la gauche. Jasmin sort par la droite.)

SCÈNE VIII.

SUZETTE, puis LE CHEVALIER,

SUZETTE, seule.

Plus tard?... Ah! mais non!... V'là qu'je regrette à présent d'en avoir parlé, de cette vieille!... J'le vois bien, ce qu'ils vont faire est plutôt contre elle que pour moi... et m'est avis que je ferai bien de m'occuper moi-même de Nicolas! (Apercevant le chevalier, qui entre par le fond.) Ah! monsieur l'officier, j'suis bien contente de vous revoir, allez!

LE CHEVALIER, souriant.

Et pourquoi cela, ma belle enfant?

SUZETTE.

Parce que vous avez l'air bon, vous!

LE CHEVALIER.

Je le suis peut-être.

SUZETTE.

Parce que vous ne m'avez pas injuriée, vous; parce que vous ne m'avez pas chassée; et que sans cette... vous m'auriez écoutée, n'est-ce pas?

LE CHEVALIER.

Certainement. (A part.) Elle est très gentille !

SUZETTE.

Eh bien, monsieur l'officier, il faut absolument que je parle à M. le duc de Choiseul !

LE CHEVALIER.

A propos de Nicolas ?

SUZETTE.

Mais oui... Songez donc que le pauvre garçon doit pleurer toutes les larmes de son corps !... Emmené de force !

LE CHEVALIER.

Et de quel crime est-il accusé ?

SUZETTE.

D'un crime ?... Lui !... Seigneur du bon Dieu !... Mais il n'est accusé de rien !... Il n'est pas en prison !... il est soldat.

LE CHEVALIER.

Eh bien, on n'en meurt pas toujours, vous voyez... puisque je suis là !

SUZETTE.

Mais vous êtes officier !... Vous l'êtes parce que vous l'avez bien voulu.... Tandis que lui !...

LE CHEVALIER.

M. de Choiseul, ma pauvre enfant, ne pourra pas grand'chose à cela... Cinq ou six cents livres d'argent vous serviraient plus que tous les ministres ensemble.

SUZETTE.

Cinq ou six cents livres !... une fortune !... A nous deux Nicolas, nous n'en pourrions pas payer la moitié !

LE CHEVALIER.

Je crains bien alors...

SUZETTE.

Ah! si vous vouliez...

LE CHEVALIER.

Moi?

SUZETTE.

Parler à M. le duc... ou au roi...

LE CHEVALIER.

Mais je ne suis rien, ma pauvre enfant, je ne puis rien! Tel que vous me voyez, avec mon pourpoint de velours et mon chapeau galonné, je suis plus pauvre que vous et moins puissant que Nicolas.

SUZETTE.

Ah! vous voulez rire!... Vous entrez chez le premier ministre comme chez vous.

LE CHEVALIER, amèrement.

Mais le premier ministre est si habitué à me voir qu'il ne s'aperçoit même plus que je suis là!

SUZETTE.

Vous êtes bien bon alors de ne pas lui rappeler que vous y êtes.

LE CHEVALIER.

Et que m'en reviendrait-il?

SUZETTE.

Qu'en revient-il aux autres?... Des places, des honneurs!...

LE CHEVALIER, avec un soupir.

Qu'il faut payer, mon enfant... Les cadets, comme moi, lorsqu'ils ont péniblement gagné à la pointe de leur épée les épaulettes de capitaine et la croix de Saint-Louis, s'en vont mourir oubliés dans quelque province, pendant que les autres deviennent colonels, maréchaux de camp ou maréchaux de France. (Mélancoliquement.) Nicolas est plus heureux que moi!

SUZETTE.

Pas pour le moment toujours.

LE CHEVALIER.

Soit. Mais ce n'est qu'un temps à passer... Qu'est-ce qu'il fait, ce bon Nicolas?

SUZETTE.

Il est premier commis chez M. Gripon, marchand drapier, rue Saint-Denis.

LE CHEVALIER.

Eh bien, que vous disais-je?... Il prendra la suite des affaires de son patron ; il gagnera de l'argent... il peut devenir échevin, prévôt des marchands !... Tandis que moi...

SUZETTE.

Qui sait?... La fortune vient souvent quand on ne l'attend pas.

CORALIE, entrant par la gauche.

Mme la duchesse de Choiseul prie M. le chevalier de Médrane de vouloir bien passer chez elle.

LE CHEVALIER, tout étonné.

Moi! (A part.) Que peut avoir à me dire Mme la duchesse? (Il sort par la gauche.)

SCÈNE IX.

CORALIE, SUZETTE.

CORALIE.

La moitié de la besogne est faite ; et pour peu que Jasmin ait réussi de son côté...

SUZETTE, toute joyeuse.

Nicolas sera libre?

CORALIE, d'un air indifférent.

Peut-être bien. (Avec entrain.) Mais, en tout cas, la marquise n'aura pas son régiment !

SUZETTE, étonnée.

Ah ben, par exemple !

CORALIE, avec suffisance.

Oh ! ça n'a pas été long, allez !... En coiffant Mme la duchesse, je lui ai conté que M. le duc allait faire jeter à la Bastille M. le chevalier de Médrane, à propos d'une chanson qui court les rues, et qui le blesse fort... parce qu'il ne souffre pas que l'on chansonne ceux ou celles qu'il protège... — « A la Bastille, le chevalier ! » s'est écriée Mme la duchesse; « Ah ! le pauvre garçon !... cela n'a pas le sens commun... et je ne souffrirai pas que M. le duc... etc. »... Puis, comme je posais la dernière fleur dans ses cheveux, elle a ajouté : « Je l'en empêcherai bien ! »

SUZETTE.

Oui... je comprends... mais...

CORALIE.

Puisque Mme la duchesse a fait appeler M. le chevalier, c'est que ses affaires sont en bon chemin.

SUZETTE.

Oui... Mais il n'est pas question de Nicolas dans tout ça ! (Jasmin entre par la droite.)

SCÈNE X.

SUZETTE, CORALIE, JASMIN.

JASMIN.

Eh bien, Coralie ?

CORALIE.

M. le chevalier est auprès de Mme la duchesse.

JASMIN.

Bravo !

CORALIE.

Où en sommes-nous du côté de M. le duc ?

JASMIN.

M. le duc est furieux !

CORALIE.

Bah !... Contre qui ?

JASMIN.

Contre Mme la duchesse qui veut faire exiler M. le chevalier de Médrane, sous prétexte que, par amitié pour M. le duc, il tient ouvertement des propos fâcheux contre ses meilleurs amis, — à elle.

CORALIE, en riant.

Les beaux esprits se rencontrent, Jasmin ; j'ai fait le même conte à Mme la duchesse.

JASMIN.

Je vous en félicite, Coralie !... Et je ne doute pas du succès.

SUZETTE.

Et Nicolas, monsieur Joseph ?

JASMIN.

J'ai glissé deux mots au sujet du régiment. M. le

duc s'est écrié : « Pourquoi pas ? » J'ai ajouté : « Mme la duchesse ne le pardonnerait pas à M. le duc ! »... Et je crois que c'est une affaire faite.

SUZETTE.

Monsieur Joseph ?

JASMIN.

Ma petite Suzette ?

SUZETTE.

Et Nicolas ?

JASMIN.

Ah... oui... au fait !... ce pauvre Nicolas ! (Regardant Coralie.) Nous y songerons.

(Le chevalier entre précipitamment par la gauche. Il tient un papier à la main.)

SCÈNE XI.

SUZETTE, CORALIE, JASMIN, LE CHEVALIER.

LE CHEVALIER, très agité.

Ce n'est pas possible !... Je rêve !... Et cependant, c'est bien un bon sur M. le surintendant que je tiens là !... Un bon de soixante mille livres !... Je n'y comprends rien !

CORALIE.

Que vous a dit Mme la duchesse en vous le remettant?

LE CHEVALIER.

Elle m'a dit : « Partez sans retard, chevalier; l'exil vaut mieux que la Bastille !... Partez ! et ne faites plus de chansons ! »

CORALIE.

Eh bien, monsieur le chevalier, ne faites plus de chansons !

LE CHEVALIER.

Je n'en ai pas fait une de ma vie !

CORALIE.

Vous ne vous en souvenez pas... Mais il faut bien que vous en ayez fait au moins une, pour que Mme la duchesse vous dise de n'en plus faire, vous donne pour cela soixante mille livres...

LE CHEVALIER, abasourdi.

Et me conseille de m'exiler ?

JASMIN.

Oh ! cela, c'est une autre affaire, monsieur le chevalier... Je vous conseille, moi, de ne pas vous hâter.

CORALIE.

Et moi, d'aller au plus tôt chez M. le surintendant.

JASMIN.

Et moi, de ne pas dire à M. le duc d'où vous vient cette fortune inespérée.

CORALIE, en riant.

Cela pourrait gâter nos affaires !

(On entend sonner à droite. Jasmin sort vivement.)

SUZETTE, au chevalier.

Monsieur l'officier, je suis bien contente... Oh ! mais, là, bien contente du bonheur qui vous arrive !... Seulement...

JASMIN, rentrant par la droite.

M. le duc prie M. le chevalier de vouloir bien passer chez lui.

(Le chevalier, l'air tout ébahi, sort par la droite.)

SCÈNE XII.

SUZETTE, JASMIN, CORALIE, puis LE CHEVALIER.

SUZETTE, continuant sa phrase.

Seulement, monsieur Joseph...

JASMIN.

Jasmin !

SUZETTE.

J'aime mieux Joseph !... Puisque vous êtes si adroit et si puissant, faites quelque chose pour Nicolas.

JASMIN, se renversant dans un fauteuil, à gauche.

Coralie ?... pouvons-nous faire quelque chose pour Nicolas ?

CORALIE, même jeu, à droite.

Nous verrons !... Nous verrons !

(Le chevalier rentre précipitamment par la droite.)

LE CHEVALIER.

Ah ! cette fois, cela passe les bornes !... Tout à l'heure un bon de soixante mille livres !... Un brevet de colonel maintenant !

JASMIN.

Que vous a dit Monseigneur en vous le remettant ?

LE CHEVALIER, abasourdi.

« Allez, chevalier ; et ménagez à l'avenir les amis de Mme la duchesse. »

JASMIN.

Eh bien, monsieur le chevalier !

LE CHEVALIER.

Je n'y comprends rien !... Je n'ai jamais attaqué les amis de Mme la duchesse.

JASMIN.

Vous ne vous en souvenez pas... Mais il faut bien que cela soit, pour que M. le duc vous ait dit de les ménager !

LE CHEVALIER, même jeu.

Et me donne un régiment ?

CORALIE, en riant.

Ne cherchez pas à comprendre, monsieur le chevalier; on vous donne un régiment, prenez-le; — vous avez de l'argent, payez-le ; — et ne vous exilez pas... J'aviserai pour que l'on ne vous mette pas à la Bastille.

LE CHEVALIER.

Ah! Coralie... il faut que je sache!...

CORALIE.

Excusez-moi, monsieur le chevalier, mais Mᵐᵉ la duchesse m'attend. (Elle sort vivement par la gauche.)

LE CHEVALIER, à Jasmin.

Alors, c'est vous, Jasmin, qui...

JASMIN, en riant.

Impossible, monsieur le chevalier ; Monseigneur a besoin de moi ! (Il sort vivement par la droite.)

SCÈNE XIII.

SUZETTE, LE CHÉVALIER, puis LA MARQUISE et CLOTILDE.

LE CHEVALIER.

Ah ! ma foi, je suis bien bon de me creuser ainsi la tête! La fortune vient; que m'importe d'où, comment et par qui ?

(La marquise et Clotilde entrent par le fond.)

LA MARQUISE.

Eh bien, chevalier, pouvons-nous enfin voir M. de Choiseul ?

LE CHEVALIER, embarrassé.

Je ne sais, madame.

LA MARQUISE.

C'est une plaisanterie ?...

LE CHEVALIER.

Que je ne me permettrais pas.

LA MARQUISE.

Je veux savoir à quoi m'en tenir cependant... et il faut à tout prix...

LE CHEVALIER, même jeu.

Je crains, madame, qu'il ne soit déjà bien tard.

CLOTILDE, étonnée.

Bien tard ?

LA MARQUISE, même jeu.

Comment l'entendez-vous, chevalier ?

LE CHEVALIER, avec hésitation.

Ce régiment...

LA MARQUISE.

Le régiment de Chamilli ?

LE CHEVALIER.

... A été donné.

LA MARQUISE, stupéfaite.

Donné !... Quand cela ?

LE CHEVALIER.

Tout à l'heure.

LA MARQUISE.

A qui ?

LE CHEVALIER.

A moi, madame.

LA MARQUISE, bondissant.

A vous!... C'est une trahison!... Et si je savais à qui m'en prendre...

SUZETTE, ironiquement.

S'il ne faut que ça, madame, pour vous calmer... je suis là.

LA MARQUISE, stupéfaite.

Comment!... c'est à vous que...

SUZETTE.

Hé!... j'y suis bien pour quelque chose.

LA MARQUISE, suffoquant.

Ah!... c'en est trop!... Je... Venez, ma fille, venez!... J'en parlerai au roi!

SUZETTE, ironiquement.

Sa Majesté a grande confiance en M. de Choiseul.

LA MARQUISE, furieuse.

Petite peste! (Elle sort avec Clotilde par le fond.)

LE CHEVALIER, tout surpris, à Suzette.

Serait-il vrai?... C'est à vous, mon enfant, que je dois?...

SUZETTE

Pas tout à fait, monsieur le chevalier... mais j'ai attaché le grelot.

LE CHEVALIER.

Comment reconnaître...?

SUZETTE.

Eh ben, mais... et Nicolas?

LE CHEVALIER.

C'est juste! (Prenant sa bourse et la donnant à Suzette.) Voilà quinze cents livres... C'est plus qu'il ne vous en faut pour le remplacer, et vous établir.

SUZETTE, lui sautant au cou.

Ah ! merci, monsieur l'officier !... (Elle remonte pour sortir, puis se ravise et redescend.) Si jamais vous avez besoin de nous !...

LE CHEVALIER.

Qui sait, ma belle enfant ?... Cela peut être. (A part.) Il n'est si petit qui ne compte.

(Suzette sort. La toile tombe.)

BON RENOM VAUT UN HÉRITAGE

PERSONNAGES.

JEANNE DE VALEROSE, vingt et un ans.
MARIE DE MONTBLAY, dix-huit ans.
CÉCILE DE MONTBLAY, sa sœur, vingt ans.
LA COMTESSE DE SAINT-CHRISTOL, quarante-cinq ans.
LA BARONNE POMMIER, cinquante ans.
M. BERTHELIN, avoué, tuteur de Jeanne, cinquante-cinq ans.
LE PRINCE VANILOFF, trente-cinq ans.
INVITÉS.
DOMESTIQUES.

BON RENOM VAUT UN HÉRITAGE

Un salon brillamment éclairé chez madame de X***, au faubourg Saint-Honoré. Au milieu, un divan circulaire avec gerbes de fleurs. A gauche, une cheminée. A droite et à gauche, des canapés et des fauteuils. Au fond, trois grandes portes sans vantaux communiquant avec le salon de danse.

SCÈNE PREMIÈRE.

MARIE DE MONTBLAY, CÉCILE DE MONTBLAY, LA COMTESSE DE SAINT-CHRISTOL, LA BARONNE POMMIER, LE PRINCE VANILOFF, BERTHELIN.

Au lever du rideau, la comtesse de Saint-Christol et la baronne Pommier sont assises à droite; Berthelin est debout près d'elles. Marie et Cécile sont assises sur le divan du milieu. Le prince Vaniloff est debout, à gauche, devant la cheminée.

LA COMTESSE.

Ce n'est pas un succès, mon cher Berthelin, c'est un triomphe!

LA BARONNE.

Et c'eût été abuser de vos droits de tuteur que de séquestrer une pareille pupille dans un vieux manoir de province.

LA COMTESSE.

Mlle de Valerose est tout simplement adorable.

LA BARONNE.

D'une beauté merveilleuse !

LA COMTESSE.

D'une distinction !...

LA BARONNE.

Personne, si vous n'étiez là qui l'affirmez, ne voudrait croire qu'elle vient au bal pour la première fois.

BERTHELIN.

C'est la vérité, cependant.

LA COMTESSE.

Un tel début fait son éloge... et le vôtre.

MARIE, un peu pincée.

Vous oubliez la part de sa couturière.

CÉCILE, même jeu.

Et de son coiffeur.

BERTHELIN, avec une nuance d'ironie.

Si vous désirez leurs adresses, mesdemoiselles ?

MARIE.

Nous en reparlerons, monsieur Berthelin,... un peu plus tard.

CÉCILE.

Le jour où nous serons assez riches pour payer ces petits triomphes-là.

BERTHELIN.

Il y a des choses, mesdemoiselles, que l'on n'achète pas, si riche qu'on soit..., demandez à M. le prince Vaniloff, qui est millionnaire, et qui s'ennuie... comme s'il trouvait plaisir à s'ennuyer.

LA BARONNE.

Même ici?

BERTHELIN.

Oh! je sais bien qu'il ne l'avouera pas.

LE PRINCE.

Je m'en garderai bien... Je me ferais trop d'ennemis.

BERTHELIN.

Mais je vous prie de remarquer que le prince ne danse jamais, ne joue pas, cause peu...

MARIE.

Et qu'il est peut-être le seul que nous n'ayons pas encore entendu chanter les louanges de Mlle de Valerose.

LE PRINCE.

C'est tout simple, mademoiselle. Homme, femme ou jeune fille, je ne juge personne sur les apparences; j'apprécie moins la coupe de l'habit, l'élégance de la robe ou de la coiffure, qu'une qualité si petite qu'elle soit; et je ne commence à chanter les louanges de quelqu'un que le jour où je m'aperçois que ce quelqu'un a le cœur aussi bien fait que le visage. N'ayant pas l'honneur de connaître Mlle de Valerose...

CÉCILE.

Renseignez-vous auprès de M. Berthelin.

MARIE.

Et M. Berthelin vous dira toutes les vertus qui la recommandent à votre estime.

BERTHELIN, sèchement.

Et à l'estime de tous, même de ses ennemis.

LA BARONNE, surprise.

Elle en a donc?

BERTHELIN.

Je suis, par moments, tenté de le croire.

MARIE.

On ne saurait être riche impunément.

LA COMTESSE.

Mlle de Valerose a tout ce qu'il faut pour se faire pardonner sa grande fortune.

CÉCILE.

Cela suffirait-il pour lui faire pardonner sa misère, si elle devenait pauvre tout à coup? (On entend l'orchestre.)

MARIE, se levant.

Ah!... le quadrille!... viens-tu, Cécile?

CÉCILE, ironiquement, à demi-voix.

Quand ce ne serait que pour la voir danser!

(Marie et Cécile sortent par le fond.)

LE PRINCE.

Ces demoiselles sont sœurs, mon cher Berthelin?

BERTHELIN.

Oui, prince.

LE PRINCE.

Eh bien, c'est vraiment fâcheux, pour celle des deux qui ressemble à l'autre!

BERTHELIN, en riant.

Vous ne donnez pas souvent votre avis..., mais quand vous le donnez...

LA COMTESSE.

Et c'est justice. Ces demoiselles ne cachent pas assez le dépit que leur cause le succès de votre charmante pupille.

BERTHELIN.

Elles le lui pardonneraient, soyez en sûre, si le tribunal leur donnait gain de cause.

LA BARONNE.

Le tribunal?...

LA COMTESSE.

Mais... au fait... oui ; on m'a touché quelques mots de cela. Le testament de la marquise de la Brière a été attaqué...

BERTHELIN.

Par les collatéraux, oui.

LA BARONNE.

Et mesdemoiselles de Montblay ?...

BERTHELIN.

Sont cousines au quatrième degré, par leur mère.

LA COMTESSE.

Tout s'explique.

BERTHELIN.

On ne renonce pas, de gaieté de cœur, à l'espérance d'un demi-million.

LA COMTESSE.

Tant que cela, pour leur part?

LA BARONNE.

Mlle de Valerose sera donc en effet immensément riche.

BERTHELIN.

Elle est légataire universelle.

LA COMTESSE.

Mais elle n'était cependant rien, que je sache, à la marquise?

BERTHELIN.

Rien, ou peu de chose; une petite cousine de la sœur de son mari. Mais, avec le temps, elle était devenue sa fille. La marquise pendant dix ans n'a eu d'autre affection que la sienne; d'autres soins que ceux qu'elle lui prodiguait avec un dévouement... qui ne s'est pas démenti une heure, une minute, dans le cours de cette longue et douloureuse agonie.

LA COMTESSE.

Comment!... la marquise?...

BERTHELIN.

Depuis dix ans ne quittait pas sa chambre. A demi paralysée, clouée dans son fauteuil, elle attendait la mort, qui ne venait pas. Son caractère s'était aigri. Vous savez ce que sont les malades. La souffrance les rend égoïstes, exigeants jusqu'à la dureté ; et ceux qu'ils aiment le plus sont précisément ceux qu'ils ménagent le moins. Eh bien, pendant ces dix années, je n'ai pas entendu un regret, une plainte s'échapper des lèvres de ma chère petite Jeanne... Oh! je l'ai vue grande comme ça... ; je suis un vieil ami de la famille... elle est un peu ma fille aussi.

LA BARONNE.

Et vous l'aimez!...

BERTHELIN.

Comme elle le mérite.

LA COMTESSE.

Assurément ; et les juges auraient mauvaise grâce...

BERTHELIN.

Oh! je suis tranquille à cet égard. Le tribunal sait à quoi s'en tenir... Nos adversaires n'ont-ils pas eu l'audace de parler de calculs intéressés, de captation, que sais-je?... C'est absurde!... Jeanne, heureusement, n'a rien su de ces méchants propos... ; elle en aurait fait une maladie, la pauvre enfant!... Elle est très nerveuse ; elle se monte facilement la tête, s'enthousiasme ou se désole d'un rien!... C'est le seul défaut que je lui connaisse.

LA BARONNE.

Défaut de jeunesse. (Elle se lève et traverse.)

LA COMTESSE, en souriant.

Dont on se corrige toujours assez tôt.

BERTHELIN.

Oui... mais Dieu sait ce qu'il en coûte.

LA COMTESSE, pendant que la baronne cause à voix basse avec le prince Vaniloff.

Dites-moi, Berthelin, vous savez que je reçois tous les jeudis et que je compte sur vous jeudi prochain, sans faute... Robert a un congé de quinze jours. Il arrive de Lisbonne et repart comme premier secrétaire à Vienne. Je serais désolée qu'il quittât Paris sans vous avoir serré la main.

(Berthelin salue, elle se lève et remonte.)

LA BARONNE.

Berthelin?

BERTHELIN.

Madame?

LA BARONNE.

Gageons que la comtesse vous a déjà parlé de son fils Robert?

BERTHELIN, en souriant.

Oh!... un mot... à peine.

LA BARONNE.

Cela ne m'étonne pas. Elle le jette à la tête de tout le monde. C'est de l'orgueil maternel poussé trop loin. (Après un silence.) Vous demeurez toujours boulevard Haussmann?

BERTHELIN.

Toujours.

LA BARONNE.

Vous trouvera-t-on demain?

BERTHELIN.

Probablement.

LA BARONNE.

Georges a l'intention de passer chez vous.

BERTHELIN.

Georges?

LA BARONNE.

Eh bien oui..., mon fils!... Vous savez qu'il est conseiller référendaire à la cour des comptes?

BERTHELIN.

Ah! ah!

LA BARONNE.

Et il n'a pas trente ans!

(Jeanne paraît en ce moment au fond, elle est très entourée.)

SCÈNE II.

JEANNE, BERTHELIN, LA COMTESSE DE SAINT-CHRISTOL, LA BARONNE POMMIER.

JEANNE, au fond, à un danseur.

Un quadrille?... volontiers, monsieur..., le vingt-quatrième. (Le danseur s'éloigne, elle descend. A Berthelin,) Ah! mon bon ami, quelle soirée!

BERTHELIN, la présentant à la comtesse et à la baronne.

Mademoiselle de Valerose, ma pupille.

JEANNE, très gaiement.

Non... non... pardon.

BERTHELIN, surpris.

Comment?

JEANNE.

J'ai eu vingt et un ans ce matin. (D'un air d'importance.) Je suis majeure.

BERTHELIN.

Et je ne suis plus rien?

JEANNE, l'embrassant sur les deux joues.

Voilà ce que vous êtes.

LA BARONNE.

Charmante!

LA COMTESSE.

Adorable!

JEANNE, étonnée.

Mesdames?...

BERTHELIN, les présentant à Jeanne.

Madame la comtesse de Saint-Christol, madame la baronne Pommier, des amies de la famille.

LA COMTESSE.

Qui seraient fières et heureuses, mademoiselle, de compter parmi les vôtres.

JEANNE.

C'est trop de bonté. (A Berthelin, gaiement.) Mais que me disiez-vous donc, mon cher Berthelin?... Que le monde était un lieu semé de pièges; que ma beauté — ce n'est pas moi qui parle — ne m'y ferait que des ennemis; que...

BERTHELIN.

Pardon, ma chère enfant, pardon...

JEANNE, vivement.

Vous m'avez dit tout cela..., et bien d'autres choses encore!... Un sermon en trois points.

BERTHELIN, en souriant.

Que vous n'avez guère écouté.

JEANNE.

Ce dont je me félicite.

LA BARONNE.

En sa qualité d'avoué, M. Berthelin, mademoiselle, ne voit que le vilain côté des choses. La moitié de l'humanité, pour lui, plaide, a plaidé, ou plaidera contre l'autre. Tous les sourires cachent une grimace, toutes les caresses un coup de griffe.

BERTHELIN

Il y a beaucoup de vrai.

LA COMTESSE.

Pensez-le, mais ne le dites pas...; à cette chère enfant, surtout! (A Jeanne, en lui prenant les mains.) Me permettez-vous cette familiarité?

JEANNE.

De grand cœur, madame.

LA COMTESSE.

Nous ferons plus ample connaissance bientôt, si ce cher Berthelin ne pousse pas la haine du monde jusqu'à vous séquestrer.

LA BARONNE.

Il n'a plus le droit de le vouloir.

JEANNE.

Mais il a toujours le droit de m'en prier.

BERTHELIN.

Je n'aurais garde.

LA COMTESSE.

Je puis donc vous promettre un nouveau triomphe pour jeudi... chez moi.

LA BARONNE.

Et si vous n'êtes pas trop fatiguée, le surlendemain ?...

JEANNE.

Ah !... avec douze heures de repos.

BERTHELIN.

Et l'on prétend que les femmes sont des créatures frêles et délicates !... Quinze jours de ce régime-là me tueraient !

LA BARONNE, en riant.

Vous n'êtes pas forcé de danser, Berthelin.

BERTHELIN.

Il ne manquerait plus que ça !

(La comtesse, après avoir échangé quelques mots avec le prince, est déjà sortie, à son bras; la baronne sort à son tour par le fond.)

SCÈNE III.

JEANNE, BERTHELIN.

BERTHELIN.

Ah ! si vous saviez, ma pauvre Jeanne, ce que pèsent de leur vrai poids ces hommages et ces louanges !

JEANNE.

Hé ! qu'ai-je besoin de le savoir, vilain grondeur ?... A quoi bon me gâter mon plaisir ?... Si vous m'aimiez un peu...

BERTHELIN.

Ah ! par exemple !

JEANNE.

...Un tout petit peu, seulement, vous sauteriez de joie..., puisque je suis heureuse !

BERTHELIN.

Heureuse ?... vrai ?

JEANNE.

Heureuse, je l'avoue, et très heureuse de mon succès ; heureuse de cette beauté, — car il paraît décidément que je ne suis pas mal, — qui ne devait me faire que des ennemis ; heureuse enfin de ce luxe qui m'éblouit, de ce bruit qui me grise...

BERTHELIN, avec un sourire un peu triste.

Oui, j'ai tort, et vous avez raison. C'est de votre âge... Vous ne pouvez pas à vingt ans...

JEANNE.

Vingt et un, mon bon Berthelin.

BERTHELIN.

C'est juste, vingt et un !... Vous ne pouvez pas faire de vos millions l'usage qu'en ferait un vieux bonhomme de soixante.

JEANNE.

Mes millions ?... J'en ai donc beaucoup, mon ami ?

BERTHELIN.

Vous en avez... plusieurs.

JEANNE.

Tant mieux ! j'en souhaiterais plus encore !

BERTHELIN.

Oh !

JEANNE.

Pour faire plus d'heureux autour de moi, et pour mieux reconnaître la générosité de celle qui m'a laissé cette fortune... Ah ! ne croyez pas, Berthelin, que son souvenir se soit effacé déjà. Je suis un peu folle ; je danse, je ris..., mais il y a un coin de mon cœur où j'ai renfermé les deux seules affections de mon enfance et de ma jeunesse, — elle et vous! Dans ce coin-là je ne laisse entrer rien ni personne; et tous les bruits du monde n'y sauraient couvrir celui de vos deux voix qui m'y parlent tout bas d'un passé que le présent, si brillant soit-il, ne me fera jamais oublier.

BERTHELIN, très ému.

Ah! chère enfant!... (Essuyant une larme.) Sapristi!... Vous me... je...

JEANNE.

Voilà ce que c'est que de me gronder, mon bon ami!

BERTHELIN.

Je ne vous gronde pas, Dieu m'en garde!... Mais, croyez-moi, ne vous livrez pas trop!... un peu de réserve!... et surtout ne vous fatiguez pas.

JEANNE, en souriant.

Cela veut dire que vous n'en pouvez plus.

BERTHELIN.

Je l'avoue.

JEANNE.

Nous partirons quand il vous plaira.

BERTHELIN.

Non pas!... Permettez-moi seulement d'aller prendre un verre de punch au buffet... Je reviens tout de suite.... Ne profitez pas de cela pour vous sauver!

JEANNE.

J'attends.

BERTHELIN, à part.

Comme ça, je suis sûr qu'elle se reposera au moins cinq minutes! (Haut.) Je reviens. (Il sort par le fond.)

SCÈNE IV.

JEANNE, puis MARIE et CÉCILE.

JEANNE, seule.

Pauvre Berthelin!... comme il m'aime!... Une nuit blanche à son âge!

(Marie et Cécile entrent par le fond. Marie tient à la main la traîne de sa robe, qui est défaite.)

MARIE.

Encore un peu, ma traîne y passait.

CÉCILE.

Mais ce n'est rien... Décousu seulement... As-tu une épingle?

MARIE.

Non.

JEANNE, offrant une épingle à Cécile.

En voici une, mademoiselle, si cela peut vous obliger.

CÉCILE, hésitant.

Mais...

MARIE, avec impatience.

Prends donc!

CÉCILE, prenant l'épingle.

Je vous remercie. (Elle essaye de rattacher la traîne et n'y parvient pas.)

MARIE.

Est-ce fait?

CÉCILE.

Non... je ne sais comment ce pli était relevé.

JEANNE.

Voulez-vous me permettre de vous aider?

CÉCILE, d'un ton un peu sec.

C'est inutile... D'ailleurs...

JEANNE, en souriant.

Je m'y entends un peu... J'ai fait si longtemps mes robes moi-même.

MARIE.

C'est que vous le vouliez bien.

JEANNE.

Qui sait?

MARIE.

S'il vous avait plu de les faire faire, à Paris même, Mᵐᵉ la marquise de la Brière ne vous en aurait certes pas refusé la permission.

JEANNE, vivement.

La marquise!... Vous l'avez connue, mademoiselle?

MARIE.

Personnellement, non.

CÉCILE, d'un air pincé.

Mais nous savons (A part.) et nous sommes payées pour cela (Haut.) de quels soins vous l'avez entourée.

JEANNE, très simplement.

J'ai fait ce que je devais, — rien de plus.

MARIE.

C'était beaucoup.

JEANNE.

Il n'y a ni fatigue ni peine à consoler et à soutenir ceux qu'on aime.

CÉCILE.

Quand on a la certitude, surtout, de ne perdre ni sa fatigue ni sa peine.

JEANNE, étonnée.

Je ne comprends pas.

MARIE, d'un ton ironique, à sa sœur.

Bien entendu!... C'est dans le rôle.

JEANNE, même jeu.

Le rôle ?

MARIE, remontant.

Mademoiselle ne peut pas avouer que le dévouement, quand il est payé si cher que cela, change de nom et n'est plus que de l'habileté. (Elle sort par le fond avec Cécile.)

SCÈNE V.

JEANNE, seule, puis BERTHELIN.

JEANNE, un moment interdite.

« ... Le dévouement, si cher payé, n'est plus... »... Ah! j'ai peur de comprendre!... On me soupçonnerait de... Non!... ce serait abominable et odieux!... c'est impossible!

BERTHELIN, entrant.

Je n'ai pas été long...

JEANNE, s'élançant au-devant de lui, tout agitée.

Au nom du ciel, mon ami, dites-moi que je me trompe!... que j'ai mal entendu, mal compris!

BERTHELIN.

Mal entendu?.. Mal compris?... De quoi s'agit-il?

JEANNE.

Deux jeunes filles... qui étaient là... et que je croyais obliger en leur offrant mes services... viennent de me traiter!...

BERTHELIN.

Les petites de Montblay, je parie!

JEANNE.

Je ne les connais pas... je ne sais pas leur nom... Elles sont en blanc...

BERTHELIN.

Avec des myosotis et des bleuets... c'est bien ça!... Je me doute de ce qu'elles ont pu vous dire, ma pauvre enfant.

JEANNE, s'animant.

Elles m'ont dit que le dévouement, lorsqu'il était payé, changeait de nom et n'était plus que de l'habileté !

BERTHELIN.

Une infamie... J'en étais sûr !

JEANNE, indignée.

Ainsi, j'ai bien compris !... Elles ont voulu dire...

BERTHELIN, essayant de la calmer.

Oubliez cela... vous avez pour vous votre conscience.

JEANNE.

Oublier !... On vient de me dire en face que je n'ai soigné que par intérêt celle qui m'a recueillie, élevée, instruite, aimée ! On m'accuse du plus vil et du plus odieux calcul ! On flétrit le plus pur de mes souvenirs !... Et vous voulez que j'oublie !

BERTHELIN.

Une injure ne vaut que ce que vaut la bouche d'où elle sort; et ces deux petites péronnelles...

JEANNE.

Mais que leur ai-je fait ?... Pourquoi cette misérable accusation?

BERTHELIN, levant les épaules.

Vous leur avez pris cinq cent mille francs.

JEANNE.

Moi!

BERTHELIN.

Mlles de Montblay, si la marquise n'avait pas laissé de dispositions en votre faveur, hériteraient, à titre de collatérales, du chef de leur mère.

JEANNE.

Et elles me soupçonnent?...

BERTHELIN.

D'avoir agi sur l'esprit de Mme de la Brière... d'avoir voulu et obtenu ce testament... qu'elles se sont hâtées, du reste, d'attaquer... comme les autres.

JEANNE.

On a attaqué le testament?

BERTHELIN.

Je ne puis plus vous le cacher.

JEANNE.

On me conteste cette fortune?

BERTHELIN.

Depuis dix-huit mois... Mais, tranquillisez-vous, ma chère enfant; ils ont perdu en première instance; le jugement d'appel sera rendu dans huit jours... et tout sera dit.

JEANNE, amèrement.

J'hériterai!

BERTHELIN.

De la totalité des biens meubles et immeubles composant l'actif de la succession.

JEANNE, très animée.

Et, dans huit jours, on dira que j'ai vendu pour quelques billets de mille francs dix ans de ma jeunesse! que j'ai, pendant dix ans, menti lâchement à une pauvre vieille femme infirme dont je convoitais l'héritage! et que mon dévouement n'était que de l'habileté!

BERTHELIN.

Mon enfant...

JEANNE, avec emportement.

Jamais!... Je ne souffrirai pas qu'on le dise; je ne veux pas qu'on le pense! cela ne sera pas.

BERTHELIN, tristement.

Comment l'empêcherez-vous?

JEANNE.

En refusant cette fortune que l'on me conteste, maintenant que je ne l'ai pas encore; et que l'on me reprocherait, si j'avais le malheur de l'avoir!

BERTHELIN.

Ah! par exemple!

JEANNE, avec agitation.

Prenez vos mesures... faites le nécessaire... je ne connais rien à tout cela... Mais, par grâce, faites vite!... Je renonce à tout. Je refuse tout!

BERTHELIN.

Et que vous restera-t-il?

JEANNE.

Ce que j'avais quand je suis arrivée au château de la Brière.

BERTHELIN.

C'est-à-dire : — Rien !

JEANNE.

Ah! que m'importe!... Bon renom vaut un héritage!

BERTHELIN.

Bon renom... bon renom!... Savez-vous ce qu'il vous vaudra ce bon renom?... Quelques paroles banalement élogieuses ; deux ou trois : « C'est très beau ce que vous venez de faire ! » Après quoi l'on vous tournera le dos ; parce qu'un bon renom ne se chiffre pas ; parce que ce n'est pas avec un bon renom que l'on peut avoir hôtel, chevaux et voitures ; parce que c'est très joli un bon renom, mais qu'une grosse dot, c'est bien plus joli encore ; et vous n'aurez gagné à ce sacrifice étourdiment fait...

JEANNE.

Que le droit de passer partout le front haut... C'est quelque chose.

BERTHELIN.

Oui, — mais on vous regardera passer.

JEANNE.

Les honnêtes gens me tendront la main.

BERTHELIN.

La main... vide ; oui.

JEANNE, fièrement.

Je l'espère bien !

BERTHELIN.

Et que deviendrez-vous ?

JEANNE.

Que deviennent tous ceux qui travaillent ?

BERTHELIN.

Ah !... voilà le grand mot lâché !... travailler !... Mais ne travaille pas qui veut... travaille qui peut !... C'est bientôt dit : « Je travaillerai !... » Mais que savez-vous faire ? que ferez-vous ?

JEANNE.

Ce que je pourrai... ce que Dieu voudra.. peu m'importe ! Mais finissons ! Finissons !... Je le veux !

BERTHELIN, d'un ton de reproche.

Oh ! Jeanne !

JEANNE, émue.

Je vous en prie !

BERTHELIN.

Allons, soit !... J'irai au Palais demain matin... Ah ! 3 250 481 fr. 23 d'un trait de plume !

JEANNE, en souriant.

Vous ne m'abandonnerez pas pour cela ?

BERTHELIN, très ému.

Moi !... vous !... Ah ! par exemple !

JEANNE.

Eh bien, mon bon Berthelin, je n'aurai rien perdu.

(La comtesse et le prince rentrent par le fond.)

BERTHELIN.

Rien ?... Vous allez voir.

SCÈNE VI.

LA COMTESSE DE SAINT-CHRISTOL, LE PRINCE VANILOFF, JEANNE, BERTHELIN, puis LA BARONNE POMMIER.

LA COMTESSE, très empressée, à Jeanne.

Mais à quoi pensez-vous donc, ma chère belle ?... Vos danseurs vous cherchent de tous les côtés.

(La baronne entre.)

JEANNE.

Je ne danse plus, madame.

LA COMTESSE, étonnée.

Comment ?

LA BARONNE, à Berthelin.

Mademoiselle de Valerose serait-elle souffrante?

BERTHELIN.

Mieux que cela, chère madame.

LA COMTESSE.

Que voulez-vous dire?

BERTHELIN.

Elle est ruinée.

LA COMTESSE.

Ruinée!

LA BARONNE.

Comment!... ce procès?...

LA COMTESSE.

Perdu?

BERTHELIN.

Mademoiselle renonce à tous ses droits.

LA COMTESSE.

Et pourquoi, mon Dieu?

BERTHELIN.

Parce qu'il a plu à quelques méchantes langues d'alléguer que les soins dont cette chère enfant a entouré la vieille marquise de la Brière n'étaient pas désintéressés.

LA BARONNE.

Et c'est à une pareille calomnie...

LA COMTESSE.

Que vous sacrifiez?...

BERTHELIN.

3 250 481 fr. 23!... ni plus ni moins.

LA COMTESSE.

Mais c'est plus que du désintéressement.

LA BARONNE.

C'est de l'héroïsme.

LA COMTESSE, à Berthelin.

Et vous ne lui avez pas fait comprendre...?

JEANNE.

Ma résolution est inébranlable, madame. Je ne veux pas d'une fortune qui me laisserait sous le coup d'un pareil soupçon.

LA COMTESSE.

Ah! ma chère belle; vous faites preuve là d'une grandeur d'âme...

LA BARONNE.

D'une élévation de sentiments...

LA COMTESSE.

Qui forcent l'admiration...

LA BARONNE.

Et le respect!

LA COMTESSE.

Mais c'est un cruel sacrifice!... Vous renoncez à tout!... au monde...

LA BARONNE.

Et moi qui me faisais un plaisir de vous avoir samedi!... Je vais contremander mes invités!... Sans vous, il n'y a pas de fête possible.

LA COMTESSE.

A propos, Berthelin, je suis désolée!

BERTHELIN.

Pourquoi donc, comtesse?

LA COMTESSE.

Mon fils va directement de Lisbonne à Vienne.

BERTHELIN.

Nous n'aurons pas le plaisir de le voir à Paris?

LA COMTESSE.

Hélas, non !

BERTHELIN, à part.

J'en étais bien sûr. (Haut.) Cela va vous forcer de faire le voyage, et, puisqu'il ne vient pas à vous, d'aller à lui.

LA COMTESSE.

Je pars demain. (A Jeanne, en l'embrassant.) Adieu, ma chère belle... Si j'avais une fille, je serais fière qu'elle vous ressemblât. (Elle remonte et sort.)

LA BARONNE, à Jeanne.

Ah ! vous ne sauriez croire à quel point je suis émue et désolée !

JEANNE.

Je ne demande à personne de me plaindre.

LA BARONNE.

On vous admire plus qu'on ne vous plaint... et je n'ai pas besoin de vous dire que je serai toujours heureuse d'avoir de vos nouvelles par notre excellent Berthelin. (Elle l'embrasse.)

BERTHELIN, avec une nuance d'ironie.

Je serai chez moi demain à trois heures, chère madame... Si M. votre fils...

LA BARONNE.

Oh !... ne l'attendez pas... Il pourrait être empêché !... S'il n'est pas chez vous à deux heures...

BERTHELIN, en souriant.

C'est qu'il ne pourrait pas venir.

LA BARONNE.

Il passera chez vous dans tous les cas... un de ces jours. (A Jeanne.) Au revoir, chère enfant ! (A Berthelin.) A bientôt, mon bon ami ! (Elle sort par le fond. Le prince Vaniloff reste au fond, où il s'est tenu pendant toute la scène.)

SCÈNE VII.

BERTHELIN, JEANNE, LE PRINCE VANILOFF,
puis MARIE et CÉCILE.

BERTHELIN, à Jeanne.

Eh bien?... Que vous disais-je ?

JEANNE.

Que m'importe !

BERTHELIN.

Vous renoncez à toute chance d'avenir?

JEANNE.

Soit.

BERTHELIN.

Sachez-le bien, un mariage pour vous aujourd'hui...

JEANNE.

Je ne me marierai pas, voilà tout.

LE PRINCE, avec les marques d'un profond respect.

C'est que vous ne le voudrez pas, mademoiselle ; car je sais un homme qui, aujourd'hui, demain, ou plus tard, s'estimerait heureux et fier si vous lui faisiez l'honneur de porter son nom.

BERTHELIN, enthousiasmé.

Ah ! prince !...

JEANNE, en souriant, à Berthelin.

Vous voyez, mon ami, que, si vous avez raison, je n'avais pas tout à fait tort. (Au prince.) Mais vous êtes trop riche pour moi, prince ; et je ne veux pas qu'après m'avoir soupçonnée d'habileté pour me faire une dot, on puisse m'accuser de n'y avoir renoncé que pour la doubler.

LE PRINCE.

Mademoiselle...

JEANNE, d'un ton ferme.

Je refuse, prince. (Lui tendant la main.) Mais je vous remercie, et je n'oublierai pas.

(Le prince salue profondément et s'écarte. Marie et Cécile entrent par le fond.)

MARIE.

Que vient-on de nous dire, monsieur Berthelin?

BERTHELIN, sèchement.

La vérité.

CÉCILE.

Mademoiselle de Valerose?...

JEANNE, vivement.

Venez, Berthelin; nous n'avons plus rien à faire ici. (Elle lui prend le bras, l'entraîne et sort avec lui.)

MARIE.

Eh bien, nous n'avons pas perdu notre soirée.

LE PRINCE.

Mademoiselle de Valerose non plus.

CÉCILE.

Vraiment, prince?

LE PRINCE.

Elle est encore plus riche que vous! (Il ébauche un salut et s'éloigne. La toile tombe.)

OU LA CHÈVRE EST LIÉE...

PERSONNAGES.

BEAUMOULIN, cinquante ans.
MADAME DE LA LANDE, quarante-cinq ans.

OU LA CHÈVRE EST LIÉE...

Un grenier. A droite, quelques bottes de foin. A gauche, des bottes de paille. Au fond, une fenêtre à l'ouverture de laquelle on aperçoit les deux montants d'une échelle placée au dehors.

SCÈNE PREMIÈRE.

MADAME DE LA LANDE, seule.

Au lever du rideau, la scène est vide. On entend l'orage au dehors. Madame de La Lande paraît à la fenêtre du fond; elle gravit les derniers échelons, et entre en disant :

Ouf!... J'y suis !... Ce n'est pas sans peine !... On n'a pas idée d'un pareil temps! (Elle secoue sa robe et son ombrelle.) Sans ce grenier... (Regardant autour d'elle.) car c'est un grenier, ma robe était perdue !... Et c'est ma foi bien heureux que les paysans soient partout les mêmes... défiants et imprudents !... Ils ferment la grange ; mais le grenier est ouvert, et ils laissent l'échelle !... C'est la première fois de ma vie que j'y monte à l'échelle... et j'espère bien que ce sera la dernière !... Mais je suis à l'abri, c'est l'essentiel !... Voilà du foin... Je vais m'improviser un salon... Louise a bien fait de ne pas m'accompagner, la chère

enfant!... (Avec un soupir.) Enfin!... à la guerre comme
à la guerre! (Elle dispose les bottes de foin pour s'installer; pendant
ce temps, Beaumoulin entre par la fenêtre. Il est en costume de chasse;
fusil et carnier sur le dos.)

SCÈNE II.

BEAUMOULIN, MADAME DE LA LANDE.

BEAUMOULIN, en entrant.

J'y suis. (A part, regardant madame de La Lande.) Elle ne m'a
pas entendu. (Il prend l'échelle par les montants et la fait tomber en
disant :) Bon!... patatras!... voilà l'échelle par terre!...
Ma ligne de communications est coupée! (Regardant au
dehors.) Bast!... Il passera bien quelque âme charitable
pour la rétablir... ce soir... demain... ou plus tard.
(Regardant madame de La Lande.) Décidément, elle ne m'entend pas... la pluie et le vent font un tel vacarme!
(Chantant à pleine voix.)

    Il pleut, il pleut, bergère,
    Rentre tes blancs...

(Tout en chantant, il s'est débarrassé de son fusil et de son carnier.)

MADAME DE LA LANDE, apercevant Beaumoulin.

Ah! par exemple!

BEAUMOULIN, feignant la surprise.

Pas possible!

MADAME DE LA LANDE, stupéfaite.

Monsieur Beaumoulin!

BEAUMOULIN, même jeu.

Madame de La Lande! (D'un air très aimable.) Je ne
m'attendais pas à vous rencontrer en pareil lieu! (Il
salue.) Mais croyez bien que... (Il salue.)

MADAME DE LA LANDE, très vivement.

C'est bon... c'est bon !... Assez de courbettes comme ça, mon cher voisin. Nous savons à quoi nous en tenir l'un et l'autre. Vous ne m'aimez pas ; je vous le rends ; et voilà bien la plus désagréable rencontre qui se puisse imaginer !

BEAUMOULIN, avec une bonhomie un peu railleuse.

Que dites-vous, chère madame ?

MADAME DE LA LANDE.

La vérité... que vous n'auriez peut-être pas le courage de me dire !... Et, pour que vous n'en doutiez pas, je vous tire ma révérence.

BEAUMOULIN.

Oh ! madame de La Lande... Madame de La Lande.

MADAME DE LA LANDE.

J'aime mieux être mouillée, trempée, inondée... que de rester avec vous une demi-heure sous le même toit ! (Elle remonte.)

BEAUMOULIN.

Vous me désolez, vraiment !

MADAME DE LA LANDE.

Ça se passera ! (s'apercevant qu'il n'y a plus d'échelle.) Ah !... Oh !... C'est trop fort !

BEAUMOULIN.

Qu'y a-t-il donc ?

MADAME DE LA LANDE, suffoquant.

Il y a... qu'il n'y a plus d'échelle.

BEAUMOULIN, tranquillement.

Ça ne m'étonne pas... J'ai glissé... et je l'ai fait tomber.

MADAME DE LA LANDE.

Exprès ?

BEAUMOULIN.

Oh ! par exemple !... J'ai failli tomber moi-même !

MADAME DE LA LANDE.

Ce n'aurait été que demi-mal.

BEAUMOULIN.

Grand merci.

MADAME DE LA LANDE.

Cette mauvaise plaisanterie ne mérite pas mieux.

BEAUMOULIN.

Il n'y a pas ombre de plaisanterie, je vous assure.

MADAME DE LA LANDE.

Vous n'avez pas, volontairement, fait tomber l'échelle ?

BEAUMOULIN.

M'en supposez-vous capable ?

MADAME DE LA LANDE.

Sans contredit.

BEAUMOULIN.

Oh !

MADAME DE LA LANDE.

Je vous crois capable de tout !

BEAUMOULIN.

C'est beaucoup !

MADAME DE LA LANDE.

Et ce n'est pas encore assez !

BEAUMOULIN.

Voilà qui me désole au dernier point !... J'espérais que vous me connaissiez assez pour ne pas m'accuser d'une si méchante action !

MADAME DE LA LANDE.

C'est précisément parce que je vous connais que je vous en accuse !

BEAUMOULIN.

Et dans quel but l'aurais-je commise ?

MADAME DE LA LANDE, s'échauffant.

Dans quel but ?... Mais pour mal faire tout simplement ! Il y a de par le monde des créatures perverses qui font le mal pour le mal... par instinct... comme les bêtes mangent !... et vous êtes de ces créatures-là !

BEAUMOULIN.

Depuis six ans que nous sommes voisins, — car il n'y a pas loin de ma maisonnette bourgeoise à votre château, — je ne vous ai pas, que je sache...

MADAME DE LA LANDE, vivement.

Vous m'avez citée en justice de paix, la semaine dernière ! moi !... sous prétexte de je ne sais quelle sotte réclamation !

BEAUMOULIN.

Et vous ne vous êtes pas présentée.

MADAME DE LA LANDE.

Il n'aurait plus manqué que ça !

BEAUMOULIN.

Et vous avez été condamnée par défaut.

MADAME DE LA LANDE.

C'est tout simplement que j'avais raison.

BEAUMOULIN.

Il fallait venir le prouver, chère madame !

MADAME DE LA LANDE.

Je m'en serais bien gardée !... Je payerai ; voilà tout. Et, soyez-en sûr, monsieur Beaumoulin, ce n'est pas de cela que je vous garde rancune.

BEAUMOULIN.

Je ne vois pas alors...

MADAME DE LA LANDE.

Bien entendu !... On ne voit que ce qu'on veut voir ! (Après un silence.) Et le mur?

BEAUMOULIN.

Quel mur?

MADAME DE LA LANDE.

Le mur que vous avez fait construire l'année dernière... qui masque toute mon aile gauche, et me fait perdre plus de dix perches de mon potager !... Il est en contre-haut, ce mur... qui ne vous sert à rien !... Car il ne vous sert absolument pas ! Il me gênait... c'était assez pour vous décider à le bâtir !... Mais soit... passons... Si je n'avais pas contre vous de griefs plus sérieux.

BEAUMOULIN.

Comment, chère madame, vous avez?...

MADAME DE LA LANDE.

C'est bon... c'est bon ; laissons cela !... Rien ne sert de nous échauffer... La pluie cesse, l'orage se calme... remettez-moi l'échelle... et au plaisir de ne pas vous revoir !

BEAUMOULIN.

Remettez l'échelle... c'est bientôt dit... Mais le moyen ?

MADAME DE LA LANDE.

Vous avez bien trouvé le moyen de la renverser.

BEAUMOULIN.

C'était plus facile.

MADAME DE LA LANDE.

Eh bien, cherchez !... Vous ne prétendez pas, j'imagine, me retenir ici contre mon gré ?

BEAUMOULIN.

Je n'y songe pas, chère madame... vous êtes libre, absolument libre.

MADAME DE LA LANDE.

Libre ?... Et comment voulez-vous que je m'en aille ?

BEAUMOULIN.

Comme il vous plaira.

MADAME DE LA LANDE, furieuse.

Monsieur Beaumoulin, vous êtes un... (Se calmant, — d'un ton ironique.) Mais cela ne devrait pas m'étonner de votre part !... Vous m'avez bien fait payer cette année 880 fr. 70 d'indemnités de lapins !... 880 francs pour une méchante botte de luzerne !... Ça ne valait pas cent sous ! Et vous avez encore eu gain de cause !... J'ai payé... Je ne vous dois rien.

BEAUMOULIN.

Je ne vous réclame rien

MADAME DE LA LANDE.

Nous sommes quittes... Et, à vrai dire, si vous ne m'aviez jamais fait pis que cela...

BEAUMOULIN.

Mais que vous ai-je fait enfin ?

MADAME DE LA LANDE, avec indignation.

Ce que vous m'avez fait ?... Ce que... Oh ! non !... c'est trop d'impudence vraiment !... L'échelle ! Monsieur Beaumoulin, l'échelle !

BEAUMOULIN, remontant.

Elle est là, madame... par terre... on la voit d'ici.

MADAME DE LA LANDE.

Ça ne suffit pas.

BEAUMOULIN.

Je suis absolument de votre avis... Mais...

MADAME DE LA LANDE.

Ainsi, vous n'aurez pas même le courage d'avouer vos torts et de les réparer?

BEAUMOULIN.

Comment?

MADAME DE LA LANDE.

Comment?... Mais en sautant par cette fenêtre, monsieur!

BEAUMOULIN.

Douze pieds!

MADAME DE LA LANDE.

Si j'étais un homme!...

BEAUMOULIN.

Vous vous casseriez une jambe pour...

MADAME DE LA LANDE, fièrement.

Les deux s'il le fallait, monsieur!

BEAUMOULIN.

Eh bien, nous ne sommes plus d'accord.

MADAME DE LA LANDE.

Vous hésitez?

BEAUMOULIN.

Oh! non!... Je refuse.

MADAME DE LA LANDE, suffoquant.

On voit bien, monsieur Beaumoulin, que votre haine pour moi est implacable!

BEAUMOULIN.

Ah! permettez, madame, on peut, sans haïr quelqu'un, lui refuser le sacrifice de ses deux jambes... voire d'une seule.

MADAME DE LA LANDE, ironiquement.

Il ne vous reste plus qu'à me prouver que vous avez pour moi des trésors d'affection.

BEAUMOULIN.

Sans aller jusque-là, je me fais fort de vous prouver que vos griefs...

MADAME DE LA LANDE, appuyant.

Je ne vous ai pas tout dit, monsieur !

BEAUMOULIN, étonné.

Ah?

MADAME DE LA LANDE.

J'espérais que votre mémoire vous servirait mieux !

BEAUMOULIN, perdant patience.

Hé ! si je voulais qu'elle me servit, madame, je pourrais me souvenir qu'après tout les taquineries — mesquines, j'en conviens — que vous me reprochez, n'ont été que des ripostes.

MADAME DE LA LANDE.

Vraiment?

BEAUMOULIN.

N'est-ce pas vous qui, la première, avez semé vos bois de pièges à loups, bien certaine qu'un jour ou l'autre mes chiens s'y prendraient?... Cela n'a pas manqué... Médor y a laissé une de ses pattes !

MADAME DE LA LANDE.

Il a été plus généreux que vous.

BEAUMOULIN.

Oh!... vous ne l'aviez pas consulté... et la pauvre bête...

MADAME DE LA LANDE.

Il payait pour son maître !

BEAUMOULIN.

Il payait !... Mais quoi ? Je vous en supplie ! quoi?... Je n'avais aucun tort envers vous à cette époque.

MADAME DE LA LANDE, ironiquement.

Oui-da ?

BEAUMOULIN.

Et cela ne vous a pas empêchée, six semaines plus tard, de me dessécher dix-huit arpents de bois en drainant vos terres d'Hautefeuille.

MADAME DE LA LANDE.

Etait-ce mon droit ?

BEAUMOULIN.

Songiez-vous plus à me nuire qu'à vous servir ?

MADAME DE LA LANDE.

Peut-être... Mais il y a des vengeances légitimes.

BEAUMOULIN.

Et cependant...

MADAME DE LA LANDE.

Non, monsieur, non... ces choses-là ne s'oublient pas.

BEAUMOULIN, ahuri.

Je vous jure...

MADAME DE LA LANDE.

Brisons là !... et, pour la dernière fois, rendez-moi la liberté ! Cette mauvaise plaisanterie ne saurait se prolonger sans prendre les proportions d'un guet-apens.

BEAUMOULIN. (Il remonte, semble hésiter, puis redescend.)

Il n'y a ni plaisanterie, ni guet-apens... un hasard, rien de plus !

MADAME DE LA LANDE.

Un hasard, soit !... Hasard, si vous voulez... je n'y contredirai pas... Mais nous ne pouvons cependant pas rester ici jusqu'à demain.

BEAUMOULIN.

Hé!... nous sommes, j'en ai peur, menacés d'y rester plus longtemps que ça.

MADAME DE LA LANDE, stupéfaite.

Comment ?

BEAUMOULIN.

Cette grange est fort isolée... Il ne semble pas qu'on y vienne souvent... Elle n'est ni sur une route ni sur un routin... Le hasard seul, qui nous y a poussés, peut nous en tirer en amenant quelqu'un de ce côté.

MADAME DE LA LANDE.

Et s'il ne vient personne ?

BEAUMOULIN.

Il faudra nous résigner.

MADAME DE LA LANDE.

C'est-à-dire que nous allons jouer aux Robinsons !

BEAUMOULIN.

Hélas !

MADAME DE LA LANDE, éclatant.

Eh bien ! et ma fille, monsieur ?

BEAUMOULIN, à part.

Enfin !... Nous y voilà !

MADAME DE LA LANDE.

Ma fille, qui m'attend... et qui peut mourir d'inquiétude !

BEAUMOULIN.

Mademoiselle Louise, madame, est charmante ; je suis assez vieux pour me permettre de le dire, et j'ai pour elle...

MADAME DE LA LANDE, qui ne l'écoute pas, criant à la fenêtre.

Au secours ! au secours !... Mais aidez-moi donc, monsieur ! criez !

BEAUMOULIN, tranquillement.

Peine perdue!... On ne nous entendra pas!

MADAME DE LA LANDE, même jeu.

Au secours! (Elle écoute un moment, et, ne recevant pas de réponse, descend furieuse, en disant à Beaumoulin :) Ah! monsieur! c'est une indignité!

BEAUMOULIN.

Si vous vouliez me faire l'amitié de vous calmer et de m'entendre.

MADAME DE LA LANDE, suffoquant.

Me calmer!... Je me trouve dans une situation terrible... sans exemple!... et monsieur veut que je me calme! (Prêtant l'oreille.) Mais écoutez donc, monsieur, écoutez!

BEAUMOULIN.

La cloche...

MADAME DE LA LANDE, désolée.

Oui, monsieur, la cloche du château!... On sonne le dîner chez moi!

BEAUMOULIN, tirant sa montre.

Comment! il serait déjà six heures!... Eh! oui, ma foi! (Il s'assied sur une botte de paille, tire de son carnet des provisions, une bouteille, un verre, et se met en devoir de dîner.)

MADAME DE LA LANDE, à la fenêtre.

Ma pauvre Louise est bouleversée, j'en suis sûre, de ne pas me voir!... Jamais je ne rentre si tard!... Elle va mettre sur pied tout le village.

BEAUMOULIN, d'un air détaché.

C'est une espérance.

MADAME DE LA LANDE.

Mais songera-t-on à venir de ce côté?

BEAUMOULIN.

C'est douteux... nous sommes en plein bois.

MADAME DE LA LANDE, se retournant et s'apercevant des préparatifs de Beaumoulin.

Comment! monsieur, vous allez manger?

BEAUMOULIN.

Mon Dieu, oui.

MADAME DE LA LANDE, indignée.

Vous n'avez pas de cœur!

BEAUMOULIN.

Pas quand j'ai faim, madame... Cependant, mon égoïsme ne va pas jusqu'à me sauver seul des horreurs de la famine. (Montrant les provisions.) Et s'il vous était agréable...

MADAME DE LA LANDE.

Jamais, monsieur!

BEAUMOULIN.

Une terrine de foie gras... un pâté... une bouteille de vieux bourgogne...

MADAME DE LA LANDE.

Jamais! (Beaumoulin commence à dîner.) Il s'agit bien de manger, en vérité!... J'y songe bien!... Quand ma pauvre fille...

BEAUMOULIN.

N'exagérons pas, je vous en prie! Une absence forcée de quelques heures...

MADAME DE LA LANDE, d'un air consterné.

Ou de quelques jours... Oh! c'est vous qui l'avez dit!

BEAUMOULIN.

Peut-être alors — pardonnez-moi si j'insiste — peut-être feriez-vous sagement... par précaution... et dans l'intérêt même de votre fille, de ne pas laisser vos forces s'épuiser... et d'accepter...

MADAME DE LA LANDE, se ravisant.

Vous avez raison... c'est vrai... S'il y a une chance de salut... Je n'ai pas le droit... à cause de ma fille... (Voyant Beaumoulin lui préparer un siége avec de la paille.) Merci ! (A part.) Il a du bon, ce Beaumoulin. (Elle s'assied.)

BEAUMOULIN, à part.

Elle n'est pas méchante au fond. (Haut.) Un peu de pâté?

MADAME DE LA LANDE.

Volontiers. (Prêtant l'oreille.) Voilà qu'on resonne !... Pareille chose ne s'est jamais vue ! (Avec un soupir.) Et je m'en souviendrai longtemps !

BEAUMOULIN.

Si vous le voulez bien... (Lui offrant à boire.) Une goutte de bourgogne ?... Ce souvenir-là pourrait n'être pas désagréable.

MADAME DE LA LANDE.

Comment l'entendez-vous?

BEAUMOULIN.

Nous avons pendant trois ans vécu dans les meilleurs termes. Vous daigniez nous recevoir... (Appuyant.) mon fils et moi, de la façon la plus bienveillante. J'étais heureux, de mon côté, de saisir, quand elle s'offrait, l'occasion de vous être utile ou agréable... à vous et à votre charmante fille...

MADAME DE LA LANDE, hochant la tête.

Je ne vous connaissais pas dans ce temps-là !

BEAUMOULIN.

Encore un peu de volaille?

MADAME DE LA LANDE.

Mon Dieu !... puisque j'ai commencé... une fois n'est pas coutume.

BEAUMOULIN, tout en la servant.

Un beau jour, vous m'avez brusquement rompu en visière. A quel propos ? Je l'ignore.

MADAME DE LA LANDE, très digne.

Je le sais, moi, monsieur !

BEAUMOULIN.

Faites-moi la grâce de me le dire.

MADAME DE LA LANDE, sèchement.

C'est inutile.

BEAUMOULIN.

Vous refusez donc absolument de passer, comme on dit, l'éponge sur nos petits griefs réciproques ?

MADAME DE LA LANDE.

Absolument.

BEAUMOULIN.

J'en suis désolé... vraiment désolé !... J'aimais beaucoup... oh ! mais... beaucoup, votre chère Louise.

MADAME DE LA LANDE.

Ma fille !... ça ne m'étonne pas !... Comment la connaîtrait-on sans l'aimer ?... Gracieuse ! jolie !... et un cœur !... Elle a tout pour elle ! (En soupirant.) Excepté une dot !

BEAUMOULIN.

Comment !

MADAME DE LA LANDE.

Hé !... ne le savez-vous pas aussi bien que moi ? Tout ce que nous possédons est en terres qui rapportent peu, et en bois qui ne rapportent que tous les cinq ans... et encore en doublant les coupes !

BEAUMOULIN.

Vous ne songez donc pas à la marier ?

MADAME DE LA LANDE.

Et à qui ?

BEAUMOULIN.

On avait parlé, je crois, de M. de... de... le nom m'échappe.

MADAME DE LA LANDE.

Oui... je sais.. Mais Louise a refusé net.

BEAUMOULIN.

Vraiment ?

MADAME DE LA LANDE.

C'est le quatrième parti qu'elle refuse.

BEAUMOULIN.

En cherchant bien... peut-être finirions-nous par lui en trouver un qu'elle ne refuserait pas.

MADAME DE LA LANDE.

Croyez-vous que je n'ai pas cherché ?... Mais est-ce que l'on trouve des gendres comme on en veut... aujourd'hui que l'argent est tout ?

BEAUMOULIN.

Vous venez de me dire, cependant, que Mlle Louise avait refusé quatre partis.

MADAME DE LA LANDE.

On nous croit plus riches que nous ne le sommes. Et peut-être, sans le savoir, la pauvre chère enfant a-t-elle bien fait...

BEAUMOULIN.

Il se trouve encore des gens qui acceptent comme argent comptant les qualités de l'esprit et du cœur.

MADAME DE LA LANDE.

Ce sont des vieillards, en ce cas !... De votre temps

et du mien, les choses marchaient quelquefois ainsi, je ne dis pas... Mais je vous répète qu'à présent...

BEAUMOULIN.

Et si je vous proposais, moi, un gendre...

MADAME DE LA LANDE, vivement.

Je n'en voudrais pas !

BEAUMOULIN.

Comment !... sans savoir même !...

MADAME DE LA LANDE.

Présenté par vous... ça suffit.

BEAUMOULIN.

Votre vieille rancune tient toujours ?

MADAME DE LA LANDE.

Plus que jamais !

BEAUMOULIN.

Et vous ne voulez pas me dire ?...

MADAME DE LA LANDE.

Non.

BEAUMOULIN.

Mais c'est grave, à ce qu'il paraît ?

MADAME DE LA LANDE.

Très grave !

BEAUMOULIN.

Et dans l'intérêt même de votre fille, vous ne vous sentez pas le courage ?...

MADAME DE LA LANDE, avec force.

Non, monsieur Beaumoulin, non !

BEAUMOULIN.

Permettez-moi de vous le dire, chère madame, je crois qu'en ce moment vous prenez plaisir à exagérer mes torts.

MADAME DE LA LANDE.

Et pourquoi cela ?

BEAUMOULIN.

Pour n'avoir pas à repousser des offres... avantageuses cependant, à tous égards.

MADAME DE LA LANDE.

Venant de vous, c'est invraisemblable.

BEAUMOULIN.

Peut-être, venant d'un autre, ne les accepteriez-vous pas davantage.

MADAME DE LA LANDE.

Parce que ?

BEAUMOULIN.

Parce que vous me semblez chercher un gendre avec l'espérance de n'en pas trouver.

MADAME DE LA LANDE, vivement.

Ah ! s'il ne tenait qu'à moi, s'il ne s'agissait que de moi... non certes je ne la marierais pas... (Avec émotion.) ma pauvre petite Louise que je n'ai pas quittée d'un jour depuis le berceau !... Son père était mort ; elle n'avait que moi ; je n'avais qu'elle... et, voyez-vous, on ne renonce pas sans effort à sa dernière joie, à son dernier rayon de soleil ici-bas !... Vous vous demandez, messieurs, en souriant parfois, pourquoi nous pleurons, nous autres, le jour où nous marions nos filles... C'est qu'en les mariant, nous donnons la meilleure part de notre bonheur, et que les mères vieillissent vite quand les oiseaux se sont envolés !

BEAUMOULIN, à part, ému.

Elle a beaucoup de bon, décidément.

MADAME DE LA LANDE.

Mais nous nous résignons toujours ; et je ferai comme les autres. Si je trouve un garçon...

BEAUMOULIN.

Intelligent, honnête...

MADAME DE LA LANDE.

Bien entendu.

BEAUMOULIN.

Instruit...

MADAME DE LA LANDE.

Ça ne peut pas nuire.

BEAUMOULIN.

Riche...

MADAME DE LA LANDE.

Autant que possible.

BEAUMOULIN.

J'ai votre affaire !

MADAME DE LA LANDE.

Je n'en veux pas !

BEAUMOULIN.

Vous ne voulez pas d'un gendre qui vivrait près de vous, avec vous... qui ne vous séparerait pas de votre chère Louise ?

MADAME DE LA LANDE.

Est-ce que vous parlez sérieusement, monsieur Beaumoulin ?

BEAUMOULIN.

Très sérieusement.

MADAME DE LA LANDE.

Mais la personne... dont il s'agirait... sait-elle ce que je donne à ma fille ?

BEAUMOULIN.

Il s'en doute... mais se gardera bien de le demander.

MADAME DE LA LANDE.

Pas possible!

BEAUMOULIN.

Il est assez riche pour deux.

MADAME DE LA LANDE.

Et vous me répondez de lui?

BEAUMOULIN.

Comme de moi-même!

MADAME DE LA LANDE.

Ce n'est pas une garantie... quoique, au fond, vous valiez peut-être mieux qu'il ne semble.

BEAUMOULIN.

Infiniment mieux!... Et le gendre que je vous propose vaut mieux que moi.

MADAME DE LA LANDE.

Et comment l'appelez-vous, cet oiseau rare?

BEAUMOULIN.

Gustave Beaumoulin.

MADAME DE LA LANDE, bondissant.

Hein?

BEAUMOULIN.

Mon fils.

MADAME DE LA LANDE, furieuse.

Ah! par exemple!... c'est trop fort!... Et voilà qui met le comble à vos procédés!... Me tenir là, contre mon gré, une heure durant, et abuser de ma tendresse de mère pour en venir à cette ridicule proposition!

BEAUMOULIN.

Ridicule?

MADAME DE LA LANDE.

Mais vous n'y avez pas songé, monsieur Beaumoulin!

BEAUMOULIN.

Longuement, au contraire. Mon fils est un bon et brave garçon...

MADAME DE LA LANDE.

Je vous l'accorde.

BEAUMOULIN.

Qui pourrait faire son chemin tout comme un autre...

MADAME DE LA LANDE.

J'en ai la certitude.

BEAUMOULIN.

Mais qui, grâce à papa Beaumoulin, est assez riche pour rester au pays et y vivre grassement en bon bourgeois... Il s'appelle Beaumoulin, c'est vrai... mais Beaumoulin de La Lande ne ferait pas mal... et je crois que pour mademoiselle votre fille, comme pour lui, pour vous et pour moi, ce mariage serait un heureux évènement.

MADAME DE LA LANDE, ironiquement.

C'est grand dommage qu'il soit impossible !

BEAUMOULIN.

Comment ! c'est à cause du mur ?...

MADAME DE LA LANDE.

Non, monsieur.

BEAUMOULIN.

... De l'indemnité de lapins ?...

MADAME DE LA LANDE.

Non, monsieur.

BEAUMOULIN.

... De la citation ?

MADAME DE LA LANDE, avec force.

Non, monsieur.

BEAUMOULIN.

Alors, je ne comprends plus, chère madame.

MADAME DE LA LANDE, ironique.

Vraiment !

BEAUMOULIN.

Et je ne comprendrai jamais qu'une femme intelligente...

MADAME DE LA LANDE.

Je le crois.

BEAUMOULIN.

... Sensée.

MADAME DE LA LANDE.

On le dit.

BEAUMOULIN.

... Et pleine de cœur...

MADAME DE LA LANDE.

Je l'ai prouvé.

BEAUMOULIN.

... Refuse...

MADAME DE LA LANDE, vivement.

Et je m'étonne, moi, monsieur, qu'un homme tel que vous...

BEAUMOULIN.

Merci.

MADAME DE LA LANDE.

Qui devrait savoir ce qu'il fait...

BEAUMOULIN.

Sans doute.

MADAME DE LA LANDE.

... Et ce qu'il dit...

BEAUMOULIN.

Assurément.

MADAME DE LA LANDE.

... Ose offrir son fils à la fille d'une femme qu'il a traitée de...

BEAUMOULIN.

Qu'il a traitée de......

MADAME DE LA LANDE, indignée.

Je n'ose pas le répéter !

BEAUMOULIN.

Un peu de courage !

MADAME DE LA LANDE, éclatant.

Qu'il a traitée... de mule d'Andalousie !

BEAUMOULIN.

Moi ?

MADAME DE LA LANDE.

Oui, monsieur, vous !

BEAUMOULIN.

Et qui vous a fait ce joli conte ?

MADAME DE LA LANDE.

Mes deux oreilles.

BEAUMOULIN.

Vous m'avez entendu... moi... vous !... Ah ! par exemple ! je suis curieux de savoir où et quand ?

MADAME DE LA LANDE.

Il y a deux ans, trois mois et cinq jours !

BEAUMOULIN.

Diable !... je ne m'étonne pas que ma mémoire...

MADAME DE LA LANDE.

Le 8 juin... à onze heures un quart... vous ne vous souvenez pas ?

BEAUMOULIN.

Non.

MADAME DE LA LANDE.

Devant la porte de l'église !

BEAUMOULIN, à part.

Aïe !

MADAME DE LA LANDE.

Je venais de rendre le pain bénit... nous sortions... J'avais un chapeau orné de quatre plumes grises... Vous ne vous souvenez pas ?

BEAUMOULIN.

Non... en vérité !

MADAME DE LA LANDE.

Vous avez dit, — trop haut malheureusement : « Cette femme est empanachée comme une mule d'Andalousie ! »

BEAUMOULIN, à part.

Ah !... quelle idée ! (Haut.) Et c'est pour cela que... ? (Riant.) Ah ! ah ! ah !... pardonnez-moi... mais c'est si drôle !...

MADAME DE LA LANDE, vexée.

Vous trouvez ?

BEAUMOULIN.

Rassemblez vos souvenirs à votre tour, je vous en prie !... Comment était coiffée Mme Lelong ?

MADAME DE LA LANDE.

La femme du président ?

BEAUMOULIN.

Oui.

MADAME DE LA LANDE.

Mais, si j'ai bonne mémoire, d'un chapeau...

BEAUMOULIN.

Orné de cinq plumes...

MADAME DE LA LANDE, vivement.

... Rouges ! C'est vrai !

BEAUMOULIN.

Et Mᵐᵉ Lelong était près de vous, au moment même où je parlais.

MADAME DE LA LANDE.

C'est juste.

BEAUMOULIN.

Et je m'étonne qu'une femme telle que vous, intelligente...

MADAME DE LA LANDE.

Passons, Beaumoulin, passons.

BEAUMOULIN.

...Ait pu prendre pour elle ce qui, de toute évidence, s'appliquait à Mᵐᵉ Lelong !

MADAME DE LA LANDE, gaiement.

Beaumoulin, je retire mes pièges à loups.

BEAUMOULIN.

Je démolis mon mur, madame de La Lande.

MADAME DE LA LANDE.

Nous redevenons bons amis.

BEAUMOULIN.

Et nous marions ces chers enfants ?

MADAME DE LA LANDE.

Volontiers... si nous parvenons à sortir d'ici !

BEAUMOULIN, en souriant.

Dans cinq minutes nous n'y serons plus... Je n'ai qu'à siffler Baptiste.

MADAME DE LA LANDE.

Votre valet de chambre ?

BEAUMOULIN.

Oui... qui est là... et qui relèvera l'échelle.

MADAME DE LA LANDE, stupéfaite.

Comment !... Mais alors ?...

BEAUMOULIN, d'un air contrit.

J'en conviens.

MADAME DE LA LANDE.

C'est vous qui l'avez renversée?

BEAUMOULIN.

Oui.

MADAME DE LA LANDE.

C'était un guet-apens!

BEAUMOULIN.

Pas tout à fait; le hasard s'est mis de la partie... Depuis six mois, vous refusez de me recevoir; je désespérais d'en venir à mes fins. Surpris par l'orage, je me dispose à chercher ici un abri, quand je vous aperçois au sommet de l'échelle; une idée me vient; et ma foi...

MADAME DE LA LANDE.

Ah! Beaumoulin... Beaumoulin!

BEAUMOULIN.

Vous pouvez me pardonner... je ne me repens pas.

MADAME DE LA LANDE.

Allons, soit... sifflez!

BEAUMOULIN, à la fenêtre, après avoir sifflé un air de chasse.

Nous sommes sauvés, chère madame.

MADAME DE LA LANDE.

Mais, j'y songe... si Louise allait refuser?

BEAUMOULIN.

Elle ne refusera pas.

MADAME DE LA LANDE.

Qu'en savez-vous?

BEAUMOULIN.

Je le lui ai demandé.

MADAME DE LA LANDE, sévèrement.

Ah! cela, Beaumoulin...

BEAUMOULIN.

Je le lui ai demandé en présence de M. de Saint-Bertin...

MADAME DE LA LANDE.

Mon frère !

BEAUMOULIN.

... Qui attend impatiemment votre retour... et votre réponse.

MADAME DE LA LANDE.

Allons! tout le monde en était à ce que je vois!

BEAUMOULIN.

Tout le monde! (Remontant.) J'entends Baptiste, chère madame. (On voit reparaître à la fenêtre les montants de l'échelle.) Voici l'échelle... la pluie a cessé...

MADAME DE LA LANDE.

En route ! (Elle remonte comme pour sortir et s'arrête en disant :) Beaumoulin ?

BEAUMOULIN.

Madame ?

MADAME DE LA LANDE.

Vous aviez raison; la femme du président était empanachée comme une mule d'Andalousie ! (Elle se dispose à sortir.)

BEAUMOULIN, à part, en souriant.

J'espère que Dieu me pardonnera ce petit mensonge-là !   (La toile tombe.)

TOUT EST BIEN QUI FINIT BIEN

PERSONNAGES.

SOSTHÈNE VATINEL, quarante ans.
JEAN VIGNOL, maire, cinquante ans.
GRELOU, garde champêtre, soixante ans.
PAULINE MICHODON, veuve Roussel, vingt-cinq ans.
MARGUERITE, sa sœur, seize ans.
ROSALIE, femme de chambre, vingt ans.
PAYSANS et PAYSANNES.

TOUT EST BIEN QUI FINIT BIEN

Un salon servant de salle à manger à la campagne. Au fond, une porte et deux fenêtres donnant sur le jardin. Portes latérales. A gauche, une cheminée. Devant la cheminée, un canapé et des chaises. A droite, un buffet, une table ronde et des chaises. Tout l'ameublement est très simple.

SCÈNE PREMIÈRE.

PAULINE, MARGUERITE.

Au lever du rideau, Pauline est assise à gauche et travaille. Marguerite est debout, au fond, contre la porte. Le jour commence à baisser.

MARGUERITE, avec inquiétude.

Six heures et demie! et Rosalie ne revient pas!... Elle est partie à cinq heures... Vingt-cinq minutes pour aller — il n'y a pas plus d'ici au village — vingt-cinq pour revenir, autant pour les commissions... Elle devrait être ici depuis longtemps!

PAULINE.

Sois donc tranquille! Rosalie n'attendra pas pour revenir qu'il fasse nuit noire... elle est aussi poltronne que toi.

MARGUERITE, descendant.

On le serait à moins!... On n'entend parler ici,

depuis deux mois, que de vols dans les maisons, d'attaques sur les grandes routes !...

PAULINE.

On exagère !

MARGUERITE.

Le château de la Tournelle a été dévalisé du haut en bas il n'y a pas quinze jours !

PAULINE.

Le château de la Tournelle... est un château.

MARGUERITE.

La semaine dernière, aux Vieilles-Garennes, on a aux trois quarts étranglé, pour la voler, une pauvre femme...

PAULINE.

... Qui avait des économies et qui le disait un peu trop haut.

MARGUERITE.

Sur le chemin de Trainel, enfin, avant-hier, on a retrouvé le corps d'un homme qui avait été assailli, dépouillé et laissé pour mort !

PAULINE.

Il en est revenu.

MARGUERITE.

Tu te fais brave pour me rassurer ; mais, au fond, tu es de mon avis ; sois franche. Il y a imprudence, pour ne pas dire plus, à nous laisser seules ici, par le temps qui court... et papa aurait bien pu remettre son voyage.

PAULINE.

Non, probablement, puisqu'il est parti.

MARGUERITE.

Il aurait pu, du moins, prendre ses mesures pour ne pas rester à Paris jusqu'à demain !

PAULINE.

Non, sans doute... puisqu'il y reste.

MARGUERITE, avec impatience.

Eh bien, il aurait pu nous emmener.

PAULINE, avec une nuance de tristesse.

Les voyages coûtent cher, petite sœur !

MARGUERITE.

Cher ?... Sommes-nous donc pauvres à ce point-là ?

PAULINE.

Pauvres, n'est pas le mot... mais...

MARGUERITE, s'asseyant auprès de sa sœur.

Ah ! ma foi, puisque l'occasion s'en présente... je ne serais pas fâchée de savoir à quoi m'en tenir là-dessus... Papa, quand il m'arrive de lui en parler, ne manque jamais de me répondre : « Cela ne regarde pas les petites filles ! »... Les petites filles... bien ! Mais, j'ai seize ans, et, si vous avez des soucis, je suis assez grande pour les partager.

PAULINE, l'embrassant.

Chère enfant !

MARGUERITE.

Voyons... que possédons-nous ?... De quoi et comment vivons-nous ?

PAULINE.

Oh ! l'inventaire ne sera pas long... Tu n'as rien ; papa n'a pas grand'chose...

MARGUERITE.

Et toi ?

PAULINE.

Moi, j'ai pour toute fortune une rente de quatre mille francs, que le frère de mon mari, M. Désiré

Roussel, m'a léguée en usufruit... En usufruit seulement ; comprends-tu ?

MARGUERITE.

Oui.

PAULINE.

Et encore, cet usufruit est-il soumis à la condition que je ne me remarierai pas.

MARGUERITE, étonnée.

Comment !... si tu te remariais ?

PAULINE.

Je n'aurais plus rien.

MARGUERITE.

Monsieur Désiré Roussel aurait pu se montrer plus généreux, et ne pas te mettre dans cette dure alternative de choisir entre le veuvage ou la misère.

PAULINE.

Monsieur Désiré adorait mon mari. C'est en souvenir de lui, et de lui seul, qu'il m'a laissé ce morceau de pain. Mais il ne voulait pas que son argent me servît de dot pour enrichir une nouvelle famille, et il a réservé la nue propriété de son legs à un de ses neveux... que je ne connais pas... Après tout, cela se comprend.

MARGUERITE.

Soit. Mais tu n'en es pas moins condamnée...

PAULINE, vivement.

Oh ! c'est le dernier de mes soucis !... Et je m'estimerais bien heureuse si je pouvais seulement, à force d'économie, amasser pour toi...

MARGUERITE.

Jamais !... Je refuse !... Je ne voudrais pas d'une

aisance qui serait faite de vos privations. Tu restes veuve ?

PAULINE.

Oui.

MARGUERITE.

Eh bien, je resterai fille !... Et cela vaudra mieux.

PAULINE.

Comment ?

MARGUERITE, l'embrassant.

Puisque je n'aurai que vous à aimer.

(On entend frapper dehors.)

PAULINE, se levant, effrayée, et prêtant l'oreille.

Ah !... Tu n'as pas entendu ?

MARGUERITE, toute tremblante.

Si !... On a frappé... là... contre le volet !... Ce n'est pas Rosalie !

PAULINE, remontant.

Allons... allons... rassure-toi !... Je vais voir... (Apercevant Sosthène.) Ah ! (Elle recule vivement — Sosthène entre. Mise, tenue et allures de bourgeois campagnard. Il porte une sacoche de cuir en bandoulière.)

SCÈNE II.

PAULINE, MARGUERITE, SOSTHÈNE.

SOSTHÈNE, avec une bonhomie brusque.

Ne vous dérangez pas pour moi, madame, je vous en prie. (Saluant Marguerite.) Mademoiselle, votre serviteur !... Papa Michodon n'est pas là ?

PAULINE, avec effroi.

Non... monsieur... mon père est absent.

SOSTHÈNE.

Mais il ne tardera pas à rentrer... Voilà l'heure du dîner bientôt !... Je vais l'attendre.

PAULINE.

Mais, monsieur...

SOSTHÈNE.

Oh !... je ne suis pas gênant... je vais m'installer... là... dans ce fauteuil... Si vous avez quelque chose en train, faites comme si je n'étais pas là !... Si vous n'avez rien de mieux pour le moment, nous taillerons un petit bout de causette.

PAULINE, cherchant à dissimuler sa frayeur.

Ce serait avec plaisir, monsieur... mais il se pourrait que mon père tardât plus que vous ne le croyez...

MARGUERITE, étourdiment.

Il est à Paris.

PAULINE, bas.

Maladroite !

SOSTHÈNE.

A Paris !... Je le croyais de retour.

PAULINE, vivement.

Vous saviez donc qu'il était parti ?

SOSTHÈNE.

Sans doute ! (Se ravisant.) C'est-à-dire... (Cherchant ses mots.) ... qu'on a bavardé un peu devant moi... tantôt... et que... et, comme ça, il n'est pas de retour ?

PAULINE.

Mon Dieu, non, monsieur.

SOSTHÈNE.

Je ne pourrai donc le voir que demain. Car, à supposer même qu'il rentre cette nuit, je ne puis pas... c'est juste ! Eh bien, dame !... que voulez-vous... je reviendrai. (Saluant Pauline.) Madame... sans adieu. (A Marguerite.) Au revoir, mademoiselle. (A part.) Charmante, cette petite veuve-là !... et je crois que je ne me repentirai pas d'avoir écrit à papa Michodon. (Haut.) Ne vous dérangez pas. (Il sort par le fond.)

SCÈNE III.

PAULINE, MARGUERITE.

MARGUERITE, à Pauline qui, debout à la porte du fond, suit Sosthène des yeux.

Parti ?

PAULINE, descendant.

Oui... heureusement.

MARGUERITE.

Oh ! il n'a pas l'air méchant... et nous avons eu tort de nous effrayer.

PAULINE.

Je le crois... et, cependant, il y a là quelque chose d'étrange... d'inexplicable !

MARGUERITE.

Cela me paraît tout simple, à moi. Ce monsieur...

PAULINE.

Que nous ne connaissons pas...

MARGUERITE.

... Connaît papa...

PAULINE.

Ou feint de le connaître.

MARGUERITE.

Il est en relations d'affaires avec lui...

PAULINE.

Papa n'est en relations d'affaires avec personne dans le pays.

MARGUERITE, avec moins d'assurance.

Soit. Mettons que ce monsieur...

PAULINE, vivement.

Comment savait-il que papa était parti? Pourquoi s'est-il écrié : « Je le croyais de retour!... » Pourquoi s'est-il troublé, quand je lui en ai fait la remarque?

MARGUERITE.

Pourquoi?... pourquoi?... Mais enfin, s'il nous voulait du mal... nous étions seules... pourquoi ne nous en a-t-il pas fait?

PAULINE, essayant de se remettre.

C'est juste!... je perds la tête!... Et cependant...

MARGUERITE.

Ah! Pauline, je t'en prie!... je ne suis déjà pas très brave...

PAULINE.

C'est vrai, pardon!... (On entend un coup de tonnerre.) Ah!... l'orage maintenant!... Quelle soirée!

(Rosalie entre par le fond. Elle a l'air tout effarée.)

SCÈNE IV.

PAULINE, MARGUERITE, ROSALIE.

PAULINE.

Comme vous rentrez tard!

ROSALIE, suffoquant.

Ah! madame!

MARGUERITE.

Que vous est-il arrivé?

ROSALIE, même jeu.

Ah! mademoiselle!

PAULINE.

Parlez!

ROSALIE.

Il s'en passe de belles au village!... Et ils sont tous dans un état!... C'est comme si qu'on aurait tiré un coup de fusil dans une *fremilière!*... Figurez-vous qu'on est entré en plein jour chez la mère Antoine... Vous la connaissez, la mère Antoine?... dont le fils est charron dans la grande rue?... C'est un homme tout seul... à ce qu'elle a dit... qui a commencé par causer, comme ça, gentiment, avec elle, pour savoir où était son argent... et comme elle ne voulait pas le dire, il a sauté sur elle... il l'a attachée avec des cordes, au pied de son lit. « Si tu bouges, qu'il lui disait, je te brûle!... » Et elle avait le pistolet sur le front, la pauv' mère Antoine! qu'elle en tremble encore!

MARGUERITE.

Et c'est, dites-vous, en plein jour?...

ROSALIE.

Hier... à trois heures! (Lui donnant un journal.) Et, d'ailleurs, tenez, mam'selle, voilà le journal qui vous contera la chose tout au long!... J'en suis malade, voyez-vous!... d'autant qu'en chemin, comme je revenais, j'ai rencontré, sur la route, un homme... en velours... avec une sacoche...

PAULINE, vivement.

Avec une sacoche!...

ROSALIE.

Oui... un gros court... tout rasé... les cheveux comme une brosse...

PAULINE, effarée. A part.

C'est lui! (Haut.) Eh bien?

ROSALIE.

Il a marché à côté de moi, et, pendant dix minutes, il m'a questionnée... oh! mais questionnée!... que j'ai fini par lui dire : «Laissez-moi tranquille! ça ne vous regarde pas!»

PAULINE.

Et à quel propos ces questions?

ROSALIE.

Oh! sur vous tout le temps!... Pour ne pas mentir, rien que sur vous!

PAULINE, étonnée.

Sur moi?

ROSALIE.

Oui, madame!... Quel âge vous aviez?... Depuis combien de temps que vous étiez veuve?... Ce que vous mangiez à vos repas?... Si vous faisiez la lessive vous-même?... Combien que vous dépensiez par an?... Si vous aviez des robes de soie?... Où que vous alliez vous promener?... Si vous alliez souvent à Paris? Si vous y restiez longtemps?

PAULINE, à part.

Décidément, c'est étrange!

ROSALIE.

Après tout ça, il m'a dépassée... et il marchait vite, comme pour arriver ici avant moi!... J'étais pas rassurée, je vous le dis!... J'm'en vas tout fermer dans ma cuisine! (Elle sort par la gauche.)

PAULINE.

Que signifie cela ?

MARGUERITE.

Ah ! j'ai plus peur qu'envie de comprendre !... Et quoique la figure de cet étranger n'ait rien de bien terrible... Mais, voyons donc le journal !

PAULINE, très agitée.

Oui... tu as raison ! (Lisant.) « Conflit tunisien... les Anglais en Afghanistan »... Ah !... « La commune des Vieilles-Garennes vient d'être mise en émoi de nouveau par un crime dont l'auteur, depuis longtemps recherché, n'échappera pas cette fois, il faut l'espérer, aux poursuites dirigées contre lui. Ce misérable, qui a osé dévaliser en plein jour une maison habitée, est un forçat libéré d'une adresse et d'une force redoutables. Il a été vu dans la journée d'avant-hier par un habitant de la Folie-Charroy, qui nous a transmis son signalement : taille au-dessous de la moyenne, corpulence marquée ; visage rond, sans barbe ni moustaches ; cheveux ras... »

MARGUERITE, avec frayeur.

Ah ! mon Dieu !

PAULINE, continuant de lire d'une voix entrecoupée.

« Il était vêtu d'un pantalon et d'une jaquette en velours... »

MARGUERITE.

C'était lui !

PAULINE, appelant.

Rosalie ?

ROSALIE, entrant par la gauche.

Madame ?

PAULINE.

Courez fermer la grille d'entrée!... En rentrant, vous fermerez la porte et les volets d'ici!... (A Marguerite, lui montrant la droite.) Marguerite, va tout fermer de ce côté!... Je monte fermer au premier étage!

ROSALIE.

Il y a donc du danger, madame?

PAULINE.

Je le crois bien, ma pauvre Rosalie!... L'homme que vous avez rencontré...

MARGUERITE.

Qui vous a questionnée avec tant d'insistance.

ROSALIE.

Eh ben?

PAULINE.

C'est un forçat libéré!

MARGUERITE.

C'est le misérable qui a assassiné la mère Antoine!

ROSALIE, s'appuyant au mur.

Ah!... mes jambes!...

PAULINE.

Allez fermer! allez! nous n'avons pas le temps de nous évanouir!

(Rosalie sort en courant par le fond. Un instant après, Marguerite sort par la droite. Pauline sort par la gauche. Au même instant, Sosthène paraît à la porte du fond.)

SCÈNE V.

SOSTHÈNE, seul.

Eh bien, je ne suis pas fâché que cet orage me donne un prétexte pour revenir!... Avant de dire son dernier mot en pareille affaire, il est bon de savoir à qui l'on parle!... Papa Michodon m'a fait de sa fille un portrait... signé : *Papa!*... Elle est très bien... oui... mais je ne veux pas d'une mijaurée... Il me faut une femme qui mène la maison... et qui sache mettre au besoin la main à la pâte!... Oh! ça ne sera pas long... Je verrai ça tout de suite...

(Marguerite rentre par la droite; Pauline par la gauche.)

SCÈNE VI.

SOSTHÈNE, PAULINE, MARGUERITE, puis ROSALIE.

PAULINE, apercevant Sosthène, et jetant un cri de terreur.

Ah!!!

MARGUERITE, même jeu.

Ah!!!

SOSTHÈNE, en riant.

Je vous ai fait peur.

ROSALIE, rentrant par le fond, et apercevant Sosthène.

Ah!!!

SOSTHÈNE, riant plus fort.

Et à la bonne aussi! (A Pauline.) Ne le niez pas, je vous ai fait peur.

PAULINE, interdite.

Mais... monsieur...

SOSTHÈNE, gaiement.

Vous auriez tort de m'en vouloir... Il pleut! il grêle! il tonne!... J'étais à cinq minutes d'ici... à quinze du village... Ma foi, je me suis décidé pour le plus court... Je me suis dit qu'on ne me refuserait pas chez papa Michodon l'hospitalité pour une heure ou deux... Ah! franchement, ça ne serait pas gentil de me mettre dehors!

PAULINE, avec effort.

Sans doute! (A part.) Que faire? (Comme prise d'une idée subite.) Ah! (Elle appelle Rosalie de la main.)

SOSTHÈNE.

C'est convenu?... Je m'installe. (Il ôte sa sacoche, et s'assied.)

MARGUERITE, effrayée. A part.

Qu'est-ce que nous allons devenir?

PAULINE, bas, à Rosalie.

Rosalie, courez au village... prévenez le maire, le garde champêtre... tout le monde!... et qu'on se hâte de venir!

ROSALIE, bas.

Mais, madame... si en mon absence!...

PAULINE, même jeu.

Allez! allez vite!... C'est le seul moyen de nous sauver! (Rosalie sort en courant.)

SOSTHÈNE, avec étonnement.

Hé là! mon Dieu! où l'envoyez-vous par ce temps?

PAULINE, embarrassée.

A la ferme... tout près... chercher du beurre et des œufs.

SOSTHÈNE.

Oh!... il ne fallait rien commander pour moi!... Je serais désolé de vous déranger!... Un morceau de pain sur le pouce... une bouteille de vin... c'est tout ce qu'il me faut.

PAULINE, bas, à Marguerite.

Remets-toi, et gagnons du temps... Rosalie est

allée prévenir au village. (Haut, à Sosthène.) Vous ne refuserez pas une tranche de viande froide?...
SOSTHÈNE.
Ma foi, madame, pour avoir le plaisir de dîner plus longuement avec vous.
PAULINE.
Nous avons dîné, monsieur.
SOSTHÈNE.
Bah! vraiment?... Oh! c'est fâcheux!
PAULINE.
Mais que cela ne vous empêche pas d'accepter! (Elle commence à dresser le couvert.)
SOSTHÈNE.
Puisque vous insistez... (Se levant.) Voulez-vous que je vous aide?
PAULINE, qui tenait le tiroir du buffet ouvert, le refermant vivement.
Non! non!... (Se remettant.) Les soins du ménage ne regardent que les femmes.
SOSTHÈNE.
Ah! ah!... voilà une bonne parole... et je suis enchanté d'être revenu sur mes pas... enchanté, vrai!... d'autant mieux que Michodon aura peut-être eu vent, par le journal, de ce qui s'est passé aux Vieilles-Garennes... Il pourrait bien revenir plus tôt qu'on ne l'attend... et, s'il arrive, il ne sera pas fâché de me trouver ici... (Se mettant à table.) C'est une garantie. Avec moi, les voleurs ne s'y frotteront pas!
PAULINE, essayant de rire.
Ils n'auraient garde!
SOSTHÈNE.
Tandis que contre des femmes seules... (Il commence à dîner.) et dans une maison isolée comme celle-ci!...

Pour peu surtout que vous ayez des valeurs… et qu'on le sache!

PAULINE, vivement.

Oh! pas la moindre!… Mon père a tout déposé chez son notaire, à Paris.

SOSTHÈNE.

Oui… Mais vous avez toujours bien quelque argent?

PAULINE, de plus en plus effrayée.

La dépense courante… tout au plus.

MARGUERITE, même jeu.

C'est-à-dire presque rien. (A part.) Je tremble!

PAULINE, bas.

Un peu de courage!

SOSTHÈNE.

N'importe… Il y a de l'argenterie?

PAULINE.

Du ruolz.

SOSTHÈNE.

Eh! c'est assez pour tenter les chenapans qui exploitent ce pays-ci!… Mais à quoi songent donc les gendarmes dans votre canton?

PAULINE.

Ah!… c'est à se demander s'il y en a!

MARGUERITE, à part.

Pourvu que Rosalie arrive à temps!

SOSTHÈNE.

Oui, sans doute, il y en a… Seulement, ils combinent si bien leurs tournées, que l'on sait un mois à l'avance quel jour et à quelle heure ils passeront ici ou là!… Les voleurs ont beau jeu pour leur échapper.

PAULINE, essayant de sourire.

On s'en aperçoit!

SOSTHÈNE.

Avec ces gaillards-là je me chargerais à moi seul de dévaliser toutes les communes du canton... et ils n'y verraient que du feu !

PAULINE, lui versant à boire.

Mais vous ne buvez pas, monsieur...

SOSTHÈNE.

Merci... assez !... merci... Ah ! nous sommes mieux partagés que vous à Sergines. Depuis cinq ans que je suis établi par là, j'y ai vu plus de gendarmes que de voleurs !... Vous ne connaissez pas Sergines ?

PAULINE.

Non, monsieur.

MARGUERITE, à part.

Et Rosalie ne revient pas !

SOSTHÈNE.

J'ai là de bonnes terres, qui rendent bien... Il faut les travailler... mais on n'y perd pas sa peine ! (Brusquement.) Ça ne vous irait pas d'être fermière ?

PAULINE.

Pourquoi non ?

SOSTHÈNE.

Ah ! dame !... on n'a pas souvent le temps de faire un bout de toilette !

PAULINE.

Ce n'est pas cela qui me priverait.

SOSTHÈNE.

Sur pied au petit jour, il faut faire la soupe à tout le monde, bêtes et gens... et ne pas craindre la fatigue.

PAULINE.

Il n'y a que l'ennui qui fatigue... et ceux qui travaillent n'ont pas le temps de s'ennuyer.

SOSTHÈNE, se levant.

Bravo !... Ma parole d'honneur, je suis bien content d'être revenu ! (Tendant la main à Pauline.) Touchez là !

PAULINE, se reculant, effrayée.

Ne m'approchez pas !

MARGUERITE, d'un ton suppliant.

Monsieur !...

SOSTHÈNE, en riant.

Décidément, vous êtes peureuse... un peu trop, même !... C'est un défaut !... Si vous avez peur comme ça des honnêtes gens, que feriez-vous donc contre un bandit ?

PAULINE, suffoquant.

Je ne suis qu'une femme...

MARGUERITE, à part.

Mon Dieu !... je n'en puis plus !

SOSTHÈNE.

Il y a des cas où une femme doit savoir montrer de l'énergie... Tenez, j'ai pour bonne, là-bas, à Sergines, une fille de dix-neuf ans... Ah ! ah ! en voilà une gaillarde !... L'année dernière... à peu près à cette époque-ci, on maraudait toutes les nuits dans mon poulailler... j'avais des poules pattues qui valaient leurs dix francs la paire... et, toutes les nuits, j'y étais de vingt francs !... Eh bien, savez-vous ce qu'elle a fait, la grande Rose... ma bonne ?... Elle a fait le guet !... Un soir, vers les onze heures, le gaillard arrive ; Rose lui saute à la gorge ; vous l'empoigne de la main gauche, et le couteau dans la main droite, lui crie... (Tout en parlant, Sosthène a pris un couteau sur la table, et a simulé l'action. Il a fait mine de prendre Pauline à la gorge et de la frapper, si bien qu'il se trouve auprès d'elle le bras levé, le couteau à la main, au moment où Grelou, le garde champêtre, paraît à la porte du fond.)

ROSALIE, criant du dehors.

Arrêtez-le !

GRELOU.

Nous le tenons.

VOIX AU DEHORS.

Tirez dessus, s'il résiste !

(On voit paraître au fond, à la porte et aux fenêtres, des têtes de paysans, tout effarées.)

SCÈNE VII.

PAULINE, MARGUERITE, SOSTHÈNE, ROSALIE, GRELOU, puis JEAN VIGNOL.

SOSTHÈNE, ébahi.

A qui diable en ont ces gens-là ?

GRELOU, sans avancer.

Rendez-vous !

SOSTHÈNE, même jeu.

C'est à moi que... ?

VOIX AU DEHORS.

A mort le brigand !

SOSTHÈNE, se rebiffant.

A mort ? à mort ?... Attendez un peu, et nous allons voir !...

VOIX AU DEHORS.

V'là m'sieu le maire !

(Jean Vignol paraît au fond, il a son écharpe.

JEAN VIGNOL.

Avancez, Grelou !... Au nom de la loi, je vous donne

ordre d'arrêter... (Reconnaissant Sosthène.) Pas possible ! Sosthène Vatinel !... ce brave Sosthène !

SOSTHÈNE, même jeu.

Jean Vignol !

JEAN VIGNOL, lui serrant les mains.

Ah ! que je suis heureux de te revoir, mon cher ami !

SOSTHÈNE, très agité.

Ça va bien... merci... mais explique-moi...

JEAN VIGNOL, essayant de le calmer.

Il y a erreur ! (A Grelou.) Retirez-vous. (Aux paysans.) Retirez-vous, mes amis.

SOSTHÈNE, remontant vivement.

Ah mais non !... ces gaillards ne s'en iront pas, sans que j'en aie corrigé une demi-douzaine !

(Les paysans se sauvent. Sosthène s'élance à leur poursuite.)

JEAN VIGNOL, criant.

Sosthène !... Sosthène ! (Redescendant.) Il ne m'entend pas !

SCÈNE VIII.

PAULINE, MARGUERITE, JEAN VIGNOL.

PAULINE, étonnée.

Vous connaissez ce monsieur ?

JEAN VIGNOL.

Oui certes, madame ! Je le connais, je l'estime, et je réponds de lui comme de moi-même !

PAULINE.

Je suis heureuse de m'être trompée... mais je dois avouer qu'à première vue...

JEAN VIGNOL.

Il est un peu brusque, oui ; un peu... comment dirai-je ? un peu sans façons... Eh bien, vous pouvez me croire, c'est le plus digne et le meilleur des hommes ; un vrai cœur d'or ! Et si j'avais une fille, je la lui donnerais les yeux fermés !

MARGUERITE.

Mais c'est là plus que de l'estime, monsieur Vignol, c'est de l'enthousiasme.

JEAN VIGNOL.

Et ce n'est pas encore assez !

PAULINE.

Vraiment ?

JEAN VIGNOL.

Voulez-vous que je vous en fasse juge, en trois mots ?... Il y a cinq ans, lors de la grande inondation qui nous a coûté si cher à tous, un bachot, venant on ne sait d'où, se brise, un beau matin, contre le mur de sa ferme. Il était plein jusqu'aux bords, ce bachot !... Toute une famille, surprise par les eaux, s'y était réfugiée. Inutile de vous dire qu'en moins d'une seconde le courant avait tout emporté, meubles, vêtements...

PAULINE.

Oh ! les malheureux !

JEAN VIGNOL.

Oui... mais avec les meubles il avait emporté le père et la mère, et n'avait laissé là, sur les marches de l'escalier, que trois marmots, deux filles et un garçon, trop petits pour savoir d'où ils venaient, trop pauvres pour y retourner vivre s'ils l'avaient su !

MARGUERITE.

Et M. Sosthène?...

JEAN VIGNOL.

... A gardé les trois gamins. Il les a élevés. Il les aime, comme s'ils étaient à lui ; et je crois, ma parole d'honneur, qu'il ne se souvient même pas du bien qu'il a fait!

PAULINE, émue.

Vous aviez raison, monsieur Vignol... C'est un cœur d'or!

(Sosthène rentre par le fond. Il semble radieux.)

SCÈNE IX.

PAULINE, MARGUERITE, JEAN VIGNOL, SOSTHÈNE.

JEAN VIGNOL, à Sosthène.

Ah! te voilà, malheureux?... Qu'as-tu fait de mes administrés?

SOSTHÈNE.

J'en ai attrapé un!... Je l'ai pris au collet!... Je lui ai mis le dos contre un arbre!...

PAULINE, vivement.

Et vous l'avez frappé?

SOSTHÈNE, avec bonhomie.

Oh! non... (Riant.) Mais il a eu une de ces peurs!... Ça m'a soulagé!

JEAN VIGNOL.

Tu vas donc pouvoir me dire...

SOSTHÈNE.

Comment je suis tombé dans ce guêpier?... Du diable si je m'en doute.

PAULINE, embarrassée.

Nous ne vous connaissions pas, monsieur... nous avons eu peur... et...

SOSTHÈNE.

Je vous le disais bien, que c'est un défaut !

MARGUERITE.

Pardonnez-nous !

SOSTHÈNE.

Ah ! de bon cœur... Mais si j'avais su, je me serais expliqué... Sauf à m'en excuser ensuite auprès de papa Michodon.

JEAN VIGNOL.

Il est encore temps ; explique-toi ;... et puisque tu n'est pas venu pour assassiner ces dames, dis-nous...

SOSTHÈNE.

Pourquoi je suis venu ?

JEAN VIGNOL.

Sans doute.

SOSTHÈNE, à Pauline.

Vous ne devinez pas ?

PAULINE, un peu embarrassée.

Non, monsieur.

SOSTHÈNE.

Eh bien, je suis venu pour vous épouser... (Montrant sa sacoche.) Voilà mes papiers !

PAULINE.

Moi !

SOSTHÈNE.

Oui... Je sais bien... vous allez me demander où j'ai pris cette idée ?... Car je ne vous connaissais pas... et sans le testament de l'oncle Désiré, nous n'aurions probablement pas fait connaissance.

PAULINE, en souriant.

Je ne comprends pas encore.

SOSTHÈNE.

L'oncle Désiré Roussel m'a laissé en nue propriété une rente de quatre mille francs dont vous avez l'usufruit. — Sans l'usufruit je ne pouvais disposer du capital ; et, faute de ces quatre-vingt mille francs, j'étais forcé de laisser comme en friche des terres qui, d'ici trois ans, pourraient me rapporter cinq du cent. L'idée m'est venue alors, — c'était tout simple, — de réunir l'usufruit à la nue propriété en épousant l'usufruitière. J'en ai touché, par lettre, un mot à papa Michodon, que je connaissais un peu et qui m'a répondu, courrier par courrier : « Mon bon Vatinel, c'est une affaire faite, si ma fille y consent. Comme je n'en doute pas, je vais à Paris acheter la corbeille. Je serai de retour jeudi ; venez samedi... » et c'est aujourd'hui samedi !

PAULINE, en souriant.

Je regrette, monsieur, que mon père ne se soit pas trouvé là... Mais si vous voulez bien accepter ici l'hospitalité jusqu'à demain...

SOSTHÈNE, joyeux.

Ça ne se demande pas !

PAULINE.

Mon père se chargera de ma réponse.

MARGUERITE, à Sosthène.

Et les trois petits abandonnés, monsieur, auront retrouvé le meilleur de ce que Dieu leur avait pris : une mère !

IL N'EST CHANCE
QUI NE RETOURNE

PERSONNAGES.

POPLIEB, comte de Roquemure, trente ans.
LE VIDAME DE JOLIPONT, cinquante-cinq ans.
Mme POBLIEB, comtesse de Roquemure, vingt-quatre ans.
LA MARQUISE DE VALROMANS, quarante ans.
ISABELLE, sa fille, dix-huit ans.
LINA, servante de M. et Mme Poblieb, vingt ans.

La scène se passe en 1792, dans un petit village aux environs de Coblentz.

IL N'EST CHANCE QUI NE RETOURNE

Une salle d'auberge. Porte au fond donnant sur la rue, portes latérales. A droite de la porte du fond, un escalier de bois conduisant au premier étage. A gauche, au premier plan, une grande cheminée. Près de la cheminée, une table chargée de vaisselle de toute espèce. A droite, une autre table. Çà et là des tabourets. Au fond, sous l'escalier, à droite, un buffet.

SCÈNE PREMIÈRE.

POPLIEB, MADAME POPLIEB, LINA.

Au lever du rideau, madame Poplieb, assise à la table de droite, écrit et compte sur ses doigts. Lina est debout près de la cheminée.

POPLIEB, *entrant par la droite.*

Eh bien, Lina, et cette choucroute pour le voyageur du n° 5 ?

LINA.

Je ne peux pas aller plus vite, monsieur.

POPLIEB, *à sa femme.*

Et la note pour ceux du 4 ?

MADAME POPLIEB.

Laissez-moi le temps, je vous prie !... Je m'embrouille avec leurs florins et leurs kreutzers. (On appelle à droite.)

POPLIEB, parlant à la cantonade.

Voilà, messieurs, voilà ! (A Lina.) Lina, six pots de bière dans la grande salle.

LINA.

On y va, monsieur.

POPLIEB, montrant la table de gauche.

Et cette vaisselle qui s'accumule !

LINA.

Mais je ne peux pas tout faire, monsieur ! (Elle sort par la droite.)

MADAME POPLIEB.

Elle a raison.

POPLIEB.

Mais qui la lavera cette vaisselle ?... Johann et Litchen nous ont faussé compagnie sans crier gare !... Et cela juste au moment où les routes sont encombrées, les auberges pleines !

MADAME POPLIEB.

Que voulez-vous que j'y fasse ?

LINA, rentrant par la droite.

Le voyageur du n° 3 trouve le vin mauvais.

POPLIEB.

Dites-lui de boire de l'eau.

MADAME POPLIEB, lui remettant la note qu'elle vient de terminer.

Et portez cette note au 4.

LINA.

J'y vas, madame. (Elle monte au premier étage, par l'escalier du fond.)

SCÈNE II.

POPLIEB, MADAME POPLIEB.

POPLIEB, en riant et en soupirant à la fois.

Quel métier... pour un gentilhomme de la chambre du roi de France !

POPLIEB, même jeu.

Quel métier... pour une dame d'honneur de la reine !

POPLIEB.

Un comte de Roquemure versant à boire à des paysans allemands !

MADAME POPLIEB.

Une comtesse de Roquemure en cornette et en tablier !

POPLIEB, riant.

Cela vous va divinement, ma chère.

MADAME POPLIEB, même jeu.

Je vous assure, comte, que n'êtes vous pas mal en aubergiste.

POPLIEB, sérieusement.

Ah ! n'importe !... maudit soit ce misérable Léchoppier, notre intendant, qui devait nous faire parvenir ici le prix de cette vente...

MADAME POPLIEB.

Qui sait si le pauvre garçon n'a pas été victime de son dévouement ?

POPLIEB.

Victime ?.. lui ? Allons donc !... Ces gens-là s'entendent tous comme larrons en foire !... Il a gardé l'argent !

MADAME POPLIEB.

Il ne le gardera pas longtemps. Les armées du roi auront raison, j'imagine, de cette poignée de bandits... et nous rentrerons en France...

POPLIEB.

D'où nous aurions peut-être bien fait de ne pas sortir.

MADAME POPLIEB.

Que dites-vous là !... Rester au milieu de cette confusion et de ce désordre !... C'était à en mourir !... Sans compter que nous étions sous le coup d'une arrestation !

POPLIEB.

Hélas !

MADAME POPLIEB.

Jusqu'à la frontière j'ai tremblé.

POPLIEB.

Je n'étais pas non plus sans inquiétude, je l'avoue.

MADAME POPLIEB, gaiement.

Ne nous plaignons donc pas, monsieur ; prenons le temps comme il vient, et les kreutzers pour ce qu'ils valent.

POPLIEB, lui baisant la main.

Vous êtes adorable, comtesse !

MADAME POPLIEB, en riant.

Vous me faites oublier ma basse-cour !... Les poules n'ont pas eu d'avoine ce matin... A bientôt, comte.
(Elle sort par la gauche.)

POPLIEB.

Au revoir, comtesse !... Je vais mettre mon vin en bouteilles. (Il sort par la droite. Lina rentre par l'escalier du fond.)

SCÈNE III.

LINA, puis LA MARQUISE DE VALROMANS, ISABELLE et LE VIDAME DE JOLIPONT.

LINA, sur l'escalier, à Poplieb.

Monsieur, on demande au 4... (Voyant Poplieb sortir sans lui répondre.) Je ne peux cependant pas tout faire ! (Apercevant la marquise et Isabelle, qui entrent par le fond, suivies de Jolipont.) Oh ! les belles dames !

LA MARQUISE, se laissant tomber sur une chaise.

Je n'en puis plus, Jolipont !... Je suis exténuée !... Je meurs de fatigue et de faim !

JOLIPONT.

Nous allons trouver dans cette auberge de quoi vous remettre, madame la marquise.

ISABELLE.

Une chambre d'abord, je vous en prie, monsieur le vidame !... Je suis à faire peur !

JOLIPONT.

Mademoiselle, tout à vos ordres. (A Lina.) Faites-nous donner sur le champ...

LA MARQUISE.

Jolipont ?

JOLIPONT.

Marquise ?

LA MARQUISE.

Vous avez mon flacon, n'est-ce pas ?

JOLIPONT, *donnant le flacon.*

Le voici.

LA MARQUISE.

Et pressez un peu le service !... Cette fille nous regarde en bayant !...

JOLIPONT.

Vite ! ma belle enfant, une chambre !

LA MARQUISE.

La meilleure, bien entendu !... et le plus loin possible de cette salle...

ISABELLE.

... Dont l'odeur est intolérable !

JOLIPONT.

Préparez-nous ensuite à dîner.

LINA.

Qu'est-ce qu'il faudra vous servir ?

LA MARQUISE.

Oh ! la moindre des choses... Un pâté... des légumes frais, du vin de Bordeaux... pourvu que nous n'attendions pas longtemps.

LINA.

Ah ! dame !... c'est que je ne sais pas si...

LA MARQUISE.

Vous ne savez pas.... vous ne savez pas... Où est votre patron ?

LINA.

A la cave.

JOLIPONT.

Et votre patronne ?

LINA.

A la basse-cour.

LA MARQUISE.

Eh bien, priez-les de venir... On se dérange pour des gens comme nous !

LINA.

J'y vas. (Elle sort par la droite.)

LA MARQUISE, à Jolipont.

Ah ! mon cher ami, quel voyage !... Approchons-nous au moins ?

JOLIPONT.

Nous serions arrivés à Coblentz ce soir même, si ce maudit voiturier, sous prétexte que son cheval était fourbu, n'avait refusé d'aller plus loin.

LA MARQUISE, vivement.

Mais j'espère bien, Jolipont, que nous ne passerons pas la nuit dans ce bouge ?

ISABELLE.

C'est inhabitable !

LA MARQUISE.

Ma fille a raison, Jolipont ; c'est inhabitable !

JOLIPONT.

Je le pense comme vous, marquise.

LA MARQUISE.

Il faut nous trouver une voiture.

ISABELLE.

Un peu moins dure, s'il se peut.

LA MARQUISE.

Au pis aller, reprenez la même... Ce voiturier, quand son cheval sera reposé...

JOLIPONT.

Mais il est reparti, madame... il a rebroussé chemin !

ISABELLE.

Son cheval n'était donc pas fourbu ?

JOLIPONT, d'un air piteux.

Il faut le croire.

LA MARQUISE.

Mauvaise volonté tout simplement!... L'esprit de cette révolution maudite a déjà passé la frontière; et la haine de messieurs les patriotes nous suit jusqu'en Allemagne!

JOLIPONT.

Ici du moins, madame, nous sommes à l'abri du danger.

LA MARQUISE.

Oh!... je ne me croirai en sûreté que lorsque j'aurai rejoint M. le comte de Provence, et l'armée du roi... Occupez-vous de la voiture, Jolipont... occupez-vous de la voiture!

JOLIPONT.

J'y cours, madame! (Il sort par le fond.)

LA MARQUISE.

Isabelle?

ISABELLE.

Ma mère?

LA MARQUISE.

Vous devez avoir grand'faim, aussi?

ISABELLE.

Je l'avoue.

LA MARQUISE.

Et ces aubergistes, qui ne viennent pas!... Quel voyage, ma chère enfant... quel voyage!

ISABELLE, prêtant l'oreille.

Ah!... J'entends marcher... voici quelqu'un.

LA MARQUISE.

C'est bien heureux!

(Poplieb entre par la droite.)

SCÈNE IV.

LA MARQUISE, ISABELLE, POPLIEB,
puis MADAME POPLIEB.

POPLIEB.

Excusez-moi, madame, de vous avoir fait attendre un instant ; je... (Reconnaissant la marquise.) Madame la marquise de Valromans !

LA MARQUISE, le reconnaissant.

Monsieur le comte de Roquemure !

POPLIEB, à sa femme, qui entre par la gauche.

Arrivez donc, comtesse, arrivez... et regardez !

MADAME POPLIEB, reconnaissant la marquise.

Ah ! l'heureuse rencontre !... Quelles nouvelles de la France ?

POPLIEB.

Et de la cour ?

MADAME POPLIEB.

Vous avez fui, comme nous, devant la tourmente ?... (Tendant les mains à la marquise.) Ah ! je suis bien heureuse de vous revoir !

LA MARQUISE, avec hauteur, et l'arrêtant du geste.

Permettez, ma chère, permettez... Mais... (D'un air dédaigneux, lui montrant son costume.) que signifie cette mascarade ?

MADAME POPLIEB, en riant.

Ah !... c'est juste... j'oubliais.

POPLIEB, la prenant par la main.

J'ai l'honneur, marquise, de vous présenter Mme Poplieb, ma femme

MADAME POPLIEB, *même jeu.*

Monsieur Poplieb, mon mari.

LA MARQUISE, *dédaigneusement.*

Aubergistes?

POPLIEB, *gaîment.*

En attendant mieux.

ISABELLE, *même jeu que sa mère.*

Sérieusement?

MADAME POPLIEB.

Très sérieusement.

LA MARQUISE.

Et vous avez consenti?...

POPLIEB.

On ne nous a pas demandé notre avis, marquise; je vous prie de le croire... Mais nous avons été bien heureux de trouver cette auberge, que nous avons achetée... très sérieusement.

MADAME POPLIEB.

Pour ne pas mourir de faim.

POPLIEB.

Ce qui est très sérieux.

LA MARQUISE, *de plus en plus hautaine.*

Quand on a l'honneur, monsieur, de porter un nom comme le vôtre!...

MADAME POPLIEB.

Je voudrais vous y voir, marquise.

ISABELLE.

Nous ne consentirions, à aucun prix, ma mère et moi, à nous affubler de la sorte!

LA MARQUISE.

Un pareil oubli de soi-même est une injure à toute la noblesse de France.

POPLIEB, d'un ton plus sec.

Hé! madame, vous en parlez bien à votre aise, et le danger est facile à braver quand on ne l'a pas encore vu de près... Oui, parbleu! nous avons regimbé, M™° la comtesse et moi, lorsque nous nous sommes trouvés pris entre la misère et le travail, et qu'il nous a fallu troquer notre linge de fine toile contre celui-ci!... Mais il nous a semblé que cela valait mieux, après tout, que des haillons, et que nous ferions moins injure à la noblesse de France en l'emprisonnant dans une auberge qu'en la traînant dans le ruisseau!

LA MARQUISE.

Hé! pourquoi tant de paroles, mon cher monsieur?... Il vous a plu d'être aubergiste.

MADAME POPLIEB, gaîment, et faisant un pas vers elle.

Allons, allons, marquise, un peu d'indulgence...

LA MARQUISE, se reculant vivement.

Ah! ne m'approchez pas, je vous en prie!... Vous êtes imprégnée d'une odeur de graisse!...

ISABELLE.

Intolérable!

POPLIEB, sèchement.

La graisse, dans ce pays-ci, madame, coûte plus cher que la bergamote!

MADAME POPLIEB.

Et vous ne serez peut-être pas toujours aussi délicate dans le choix de vos parfums!

(Jolipont rentre par le fond.)

JOLIPONT, reconnaissant Poplieb.

Pas possible !... Monsieur le comte de...

LA MARQUISE, lui coupant la parole.

C'est bien, Jolipont; faites-nous grâce de vos étonnements !... Où en sommes-nous ?... Le dîner ?...

JOLIPONT.

J'en ai surveillé moi-même les apprêts. J'ai fait mettre...

LA MARQUISE.

Je m'en rapporte à vous, mon ami... Et la voiture ?

JOLIPONT.

Ah ! la voiture... c'est autre chose ! Impossible de trouver dans ce village la moindre patache, le moindre... rien... rien... rien !

ISABELLE.

De sorte que nous allons être forcées de passer la nuit... ici ?

JOLIPONT.

J'en ai peur, mademoiselle.

LA MARQUISE.

Jamais !... A combien sommes-nous de la ville la plus proche ?

JOLIPONT.

Trois bonnes petites lieues... à ce qu'il paraît.

LA MARQUISE.

Trois bonnes petites lieues... ça fait cinq !... Eh bien, Jolipont, expédiez sans retard un exprès... faites demander une chaise...

JOLIPONT.

Mais qui envoyer, madame ?

LA MARQUISE, apercevant Lina, qui entre.

Eh !... cette fille.

POPLIEB.

Impossible, madame, nous avons besoin de Lina.

LA MARQUISE, dédaigneusement.

Soit, mon cher, nous nous en passerons. (Poplieb sort par la droite.) Jolipont, trouvez-moi quelqu'un dans le village...

JOLIPONT.

Les habitants m'ont paru mal disposés et d'humeur peu accommodante.

LA MARQUISE.

En payant bien.

JOLIPONT.

Oui... mais je n'ai plus un sou dans ma poche.

LA MARQUISE, à sa fille.

Isabelle, ma chère enfant, donnez votre bourse à M. le vidame.

ISABELLE.

Vous savez bien, ma mère, qu'au moment de monter en voiture, je l'ai mise dans votre petit sac de voyage.

LA MARQUISE.

Voyez dans le petit sac, Jolipont.

JOLIPONT.

Mais je ne l'ai pas, madame.

LA MARQUISE.

Comment ! vous ne l'avez pas ?

JOLIPONT.

J'ai eu l'honneur, au dernier relais, de vous le remettre à vous-même.

LA MARQUISE.

Parfaitement... c'est vrai... Je l'ai donné ensuite à Isabelle.

ISABELLE.

Et je l'ai posé derrière moi sur le coussin...

JOLIPONT, désespéré.

Où il est resté !

MADAME POPLIED, au fond, à part.

C'est bon à savoir. (Elle sort par la droite.)

LA MARQUISE, furieuse, à Jolipont.

Ah ! je vous reconnais là !... Voilà bien vos perpétuelles étourderies !... Depuis que nous sommes en route, vous n'avez fait que des sottises !... Eh bien ?... Quand vous resterez là... planté comme un terme ?... Courez !... rattrapez cette voiture !...

JOLIPONT, piteusement.

Je ne sais par quel chemin...

ISABELLE.

De sorte que si ce voiturier est un malhonnête homme...

LA MARQUISE.

Ce qui est probable.

ISABELLE.

Nous nous trouverons...

LA MARQUISE.

Sans argent !... Il faudra envoyer un courrier dans ce maudit pays de France... attendre son retour...

ISABELLE.

Nous voilà dans un bel embarras.

LA MARQUISE.

Mais courez donc, Jolipont !... Pour l'amour de Dieu, remuez-vous un peu !

JOLIPONT.

Je cours, madame la marquise, je cours ! (Il sort en courant par le fond.)

SCÈNE V.

ISABELLE, LA MARQUISE, puis LINA.

LA MARQUISE.

Quel contre-temps !

ISABELLE.

A moins de faire la route à pied...

LA MARQUISE.

C'est impossible, vous le savez bien !... Délicate comme je le suis, je serais morte avant d'arriver !... Bon gré mal gré, il nous faut attendre ici qu'il plaise à ce voiturier de rapporter le sac ;... ou que M. le comte de Provence, averti de notre mésaventure, nous ait fait parvenir quelques milliers de livres.

ISABELLE.

Attendre ici !

LA MARQUISE.

Hé, ma chère enfant, il n'y a pas d'autre auberge dans le village, et ce que vient de nous dire Jolipont de ses habitants ne laisse pas à espérer...

ISABELLE.

Bast !... qui sait ?... la cuisine de Mme la comtesse de Roquemure est peut-être bonne.

LA MARQUISE, apercevant Lina, qui entre portant des assiettes.

C'est ce que nous allons savoir... il se fait temps. (Appelant.) La fille ? (Lina ne répond pas.)

ISABELLE.

Eh bien, la fille, vous n'entendez pas ?

LINA.

Si *wohl*.

LA MARQUISE.

Et ce dîner ?

LINA.

Il est prêt, madame.

LA MARQUISE.

Eh bien, servez-le.

LINA.

V'là le couvert toujours... quant au dîner... (Tendant la main.) c'est trois florins et six kreutzers.

LA MARQUISE.

Je ne vous demande pas le prix.

LINA.

Faut bien que je vous le dise, puisque Mme Poplieb m'a dit comme ça : « Lina, vous vous ferez payer avant de servir. »

LA MARQUISE.

Comment !... que signifie... ?

LINA, tendant la main.

Trois florins six kreutzers.

ISABELLE.

Voilà qui est d'une impertinence !

LA MARQUISE.

S'il y avait une autre auberge dans le village...! (A part.) j'étouffe de colère ! (Haut.) Priez à l'instant madame... (Apercevant madame Poplieb, qui entre par la droite.) Ah ! la voici !

MADAME POPLIEB, à Lina.

On appelle dans la salle.

(Lina sort par la droite.)

SCÈNE VI.

LA MARQUISE, ISABELLE, MADAME POPLIEB.

LA MARQUISE, de très haut.

M'expliquerez-vous, comtesse...?

MADAME POPLIEB, avec une surprise jouée.

Comtesse !... à qui parlez-vous donc, madame ?

LA MARQUISE.

Mais...

MADAME POPLIEB, avec une révérence.

Madame Poplieb, aubergiste, pour vous servir !

LA MARQUISE, se contenant.

Soit... je veux bien ;... va pour Poplieb. On nous refuse à dîner ici ?

MADAME POPLIEB.

Ah ! par exemple !

LA MARQUISE.

On prétend du moins ne nous servir que quand nous aurons payé !

MADAME POPLIEB.

Ne vous en offensez pas, madame ; c'est l'habitude de la maison.

LA MARQUISE, fièrement.

Il me semble que pour nous...

MADAME POPLIEB.

Ce que l'on ferait pour vous, aujourd'hui, demain il faudrait le faire pour d'autres ;... et l'on est si souvent pris à ce jeu-là !

LA MARQUISE, froissée.

Ah ! permettez...!

MADAME POPLIEB.

L'émigration amène ici tant de gens sans sou ni maille ! (Avec une fausse bonhomie.) Que vous importe d'ailleurs de payer avant ou après ?

LA MARQUISE, gênée, avec hésitation.

C'est que...

ISABELLE, même jeu.

Un contre-temps inattendu.

LA MARQUISE.

Un oubli de M. le vidame de Jolipont... que vous connaissez...

ISABELLE.

Nous laisse momentanément...

LA MARQUISE.

Sans argent.

MADAME POPLIEB.

Oh !... que c'est désagréable !... Et comment espérez-vous... ?

LA MARQUISE.

Ce n'est, au pis-aller, que l'affaire d'un jour ou deux. Un mot à M. le comte de Provence ou à M. le comte d'Artois...

MADAME POPLIEB, avec une naïveté jouée.

Et vous allez rester un jour ou deux sans manger ?

LA MARQUISE, hautaine.

C'est une plaisanterie, n'est-ce pas ?

MADAME POPLIEB.

Je ne plaisante jamais avec les voyageurs.

LA MARQUISE, impatientée.

Ah ! voyons, voyons, comtesse...

MADAME POPLIEB, lui faisant une belle révérence.

Madame Poplieb, aubergiste, pour vous servir. (Elle sort par la droite.)

SCÈNE VII.

LA MARQUISE, ISABELLE, puis JOLIPONT, puis LINA et POPLIEB.

LA MARQUISE, furieuse.

C'est-à-dire, ma chère enfant, qu'on se moque de nous !

ISABELLE.

J'en ai peur.

LA MARQUISE.

C'est de très mauvais goût. (A Jolipont, qui rentre par le fond.) Ah ! Jolipont... Eh bien ?

JOLIPONT, tout essoufflé.

Personne !... rien ! Je... J'ai couru... madame la marquise, inutilement !

LA MARQUISE.

Il fallait...

JOLIPONT.

Je suis allé chez le bourgmestre ; il a pris note de ma déclaration.

LA MARQUISE.

La belle avance !

JOLIPONT, d'un air piteux.

Il n'a pas voulu m'en faire d'autre.

LA MARQUISE.

Et vous êtes sûr que vos poches sont vides ?

JOLIPONT, retournant ses poches.

Absolument !... voyez !

LA MARQUISE.

Ainsi, nous voilà sans argent... dans un pays inconnu... à la merci de...! Ah! Jolipont, je vous revaudrai ça!

JOLIPONT, humblement.

Madame la marquise...

LA MARQUISE.

C'est bien... c'est bien!... Faites-moi le plaisir d'aller frapper à toutes les maisons du village... vous demanderez l'hospitalité pour la marquise de Valromans et sa fille!

JOLIPONT, stupéfait.

Comment, madame!... Ne vaudrait-il pas mieux, puisque nous sommes ici...

LA MARQUISE.

Pas d'observations! Allez!

JOLIPONT, résigné.

Je vais. (A part.) Ah! mes pauvres jambes! (Il sort par le fond, et se croise avec Poplieb, qui, en entrant, le salue très bas.)

POPLIEB, après avoir jeté un regard ironique sur la marquise et sa fille, qui fouillent désespérément dans leurs poches; appelant :

Lina!

LINA, paraissant à droite.

Monsieur?

POPLIEB, montrant la table de gauche.

Et cette vaisselle?... Nous allons manquer d'assiettes tout à l'heure.

LINA.

Je ne peux pas tout faire. (Elle disparaît.)

SCÈNE VIII.

LA MARQUISE, ISABELLE, POPLIEB.

LA MARQUISE.

Monsieur de Roquemure?

POPLIEB, avec une surprise jouée.

Est-ce à moi que vous parlez?

LA MARQUISE.

Mais... sans doute... mon cher comte.

POPLIEB.

Oh! pardon... vous faites erreur. (La saluant.) Poplieb, aubergiste, pour vous servir.

LA MARQUISE, agacée.

La petite comédie continue!... Poplieb, soit!... Eh bien, mon cher monsieur Poplieb, on vient, à votre insu, je le crois, de nous signifier...

POPLIEB, avec une fausse bonhomie.

Que voulez-vous, madame, c'est l'habitude de la maison.

LA MARQUISE, avec indignation.

C'est-à-dire, monsieur, que vous nous refusez, — à nous! — ce que l'on ne refuse à personne, — un repas et un gîte.

POPLIEB.

Le repas est prêt, madame; le gîte vous attend. Il ne tient qu'à vous de profiter de l'un et de l'autre.

LA MARQUISE, ironiquement.

En payant d'abord?

POPLIEB.

C'est l'habitude.

LA MARQUISE, avec dépit, à Isabelle.

Nous ne les ferons pas sortir de là ! (A Poplieb, vivement.) Nous sommes sans argent, monsieur ! Avez-vous compris ? sans argent !

POPLIEB.

C'est fâcheux... mais je n'y puis rien.

LA MARQUISE, se contenant.

Cependant, voyons, mon cher comte...

POPLIEB, saluant.

Poplieb, madame.

LA MARQUISE, saluant ironiquement.

...Aubergiste... pour vous servir ! — Ne prolongeons pas cette plaisanterie. (Avec un effort visible.) Je vous ai froissé tout à l'heure...

POPLIEB.

Et comment, madame, une personne de votre condition aurait-elle pu froisser un pauvre diable tel que moi ?

LA MARQUISE.

Vous y tenez décidément !... Vous feignez de ne plus me connaître, de ne m'avoir jamais vue !... soit !... Mettons que nous ne sommes, ma fille et moi que des étrangères surprises par le plus ridicule des contre-temps ; et que vous n'êtes, vous, que monsieur Poplieb...

POPLIEB.

Aubergiste.

LA MARQUISE.

Que répondriez-vous, monsieur, à deux femmes, qui, n'ayant pas l'air, ce me semble, de courir habituellement les grands chemins, ni de vivre aux dépens d'autrui, viendraient vous demander pour quarante-huit heures le boire et le manger?

POPLIEB.

Je leur répondrais, madame, que tout se paye... avec du travail, sinon avec de l'argent.

LA MARQUISE, dédaigneusement.

Du travail !... Hé ! monsieur...

POPLIEB.

Je leur montrerais cette vaisselle que ma servante n'a pas eu le temps de laver... ce plancher qu'on n'a pas balayé depuis hier; et je leur dirais : « Il y a de l'eau à la fontaine, des balais dans ce placard, des torchons et des tabliers dans celui-ci, lavez, essuyez, balayez... et quand vous aurez fini, vous dînerez ! »

LA MARQUISE, suffoquant.

Fort bien, monsieur !... Il est impossible de pousser plus loin la raillerie !

ISABELLE, avec dédain.

Nous nous étions trompées, ma mère; ce n'était pas à M. le comte de Roquemure que nous parlions.

LA MARQUISE, même jeu.

Et monsieur Poplieb, aubergiste, a le tort d'oublier qu'il parle à la marquise de Valromans !

JOLIPONT, entrant par le fond, tout essoufflé.

Impossible, madame !... Refusé partout !... Jeté dehors comme un aventurier.

(La marquise et Isabelle semblent atterrées.)

POPLIEB, ouvrant les placards.

Les torchons sont ici... (Montrant le fond.) La fontaine est là... (Il sort en riant par la droite.)

SCÈNE IX.

LA MARQUISE, ISABELLE, JOLIPONT, puis LINA.

JOLIPONT.

Oui, madame... jeté dehors! moi, le vidame de Jolipont!... Croyez-moi, estimons-nous heureux d'avoir cette auberge...

LA MARQUISE, avec animation.

Et cette auberge même nous échappe

JOLIPONT.

Que dites-vous?

ISABELLE.

On nous refuse à dîner tout simplement!

JOLIPONT.

Ah!

LA MARQUISE.

Et ce M. Poplieb — puisque Poplieb il y a — n'a-t-il pas eu l'audace... J'en tremble encore!

JOLIPONT.

L'audace de...?

LA MARQUISE.

Ah! s'il s'imagine que je m'avilirai jusqu'à laver sa vaisselle!

ISABELLE.

Et moi, jusqu'à balayer sa cuisine!

JOLIPONT.

Comment! il a osé...!

LA MARQUISE.

Oui, Jolipont... sous prétexte que tout se paye,

ISABELLE.

Avec du travail, à défaut d'argent.

JOLIPONT.

C'est absolument ridicule... et fâcheux !

LA MARQUISE.

Fâcheux? Pourquoi?

JOLIPONT.

Mais, je ne vous cacherai pas, madame, que je meurs de faim.

ISABELLE.

Moi aussi.

LA MARQUISE.

Et moi aussi. Mais nous mangerons un morceau de pain, nous boirons un verre d'eau, et nous n'en mourrons pas.

LINA, paraissant au fond, une lettre à la main. A part.

Eh ben! c'est le bourgeois qui va être content!... Une lettre de France, et trois grosses malles!

LA MARQUISE, apercevant Lina.

La fille?

LINA.

Madame?

LA MARQUISE.

Nous ne voulons plus de votre dîner... gardez-le !... Apportez-nous seulement du pain sur une assiette, et de l'eau dans une carafe.

LINA.

Du pain pour trois personnes?

LA MARQUISE.

Bien entendu.

LINA, tendant la main.

C'est six kreutzers.

LA MARQUISE, avec impatience.

Hé! nous n'en avons pas de kreutzers!... Si nous en avions...

LINA.

Alors, madame, nous n'avons plus de pain. (Elle fait une révérence, et sort.)

LA MARQUISE, furieuse.

Oh!!! (Elle se laisse tomber sur une chaise.)

JOLIPONT, même jeu.

Cela devient grave, madame.

LA MARQUISE, avec abattement.

Et c'est que je ne me sens pas de force à rester encore vingt-quatre heures...

ISABELLE.

Il y a plus de vingt-quatre heures que nous n'avons rien pris!

LA MARQUISE.

Je suis à bout!

ISABELLE.

Je n'en puis plus!

LA MARQUISE, après un moment de silence.

Jolipont?

JOLIPONT.

Madame la marquise?

LA MARQUISE.

Vous n'êtes que vidame... et de petite noblesse encore!... Si vous preniez un peu d'eau... là... vous pourriez laver quelques assiettes...

ISABELLE.

Nous sommes entre nous.

(Le vidame, indigné, veut protester.)

LA MARQUISE.

Allons, allons, Jolipont.

ISABELLE, remontant.

Je vais vous chercher de l'eau. (Lui apportant la cruche.) Tenez !

LA MARQUISE, prenant un tablier dans le buffet.

Voici un tablier. (Le lui attachant autour du corps.) Là !

JOLIPONT, levant les bras au ciel.

Oh ! la révolution ! la révolution ! (Il prend une assiette et la lave.)

LA MARQUISE.

Bravo !... très bien !... (Jolipont laisse tomber l'assiette, qui se brise.) Ah !... maladroit !

JOLIPONT, piteusement.

Le manque d'habitude, madame !... Et je vous avoue que... si je travaille seul... ce sera long !... Voyez ce qu'il y en a !

LA MARQUISE.

Isabelle ?

ISABELLE.

Maman ?

LA MARQUISE.

Nous sommes bien seules ?

ISABELLE.

Oui.

LA MARQUISE.

On ne peut pas nous voir ?

ISABELLE.

Non.

LA MARQUISE, mettant vivement un tablier.

Eh bien, ma chère enfant, faites comme moi, et dépêchons-nous !... J'aime encore mieux ça que de mourir de faim. (La marquise, et Isabelle qui a pris aussi un tablier, se mettent avec le vidame à laver la vaisselle à tour de bras. Madame Poplieb entre presque au même instant par la droite. Elle a changé de costume et porte une élégante toilette de voyage.)

SCÈNE X.

LA MARQUISE, ISABELLE, JOLIPONT, MADAME POPLIEB,

puis **POPLIEB** et **LINA**.

MADAME POPLIEB, feignant la surprise.

Hé, que vois-je là, mon Dieu !

LA MARQUISE, s'arrêtant comme pétrifiée.

Ah !

MADAME POPLIEB.

Madame la marquise de Valromans en tablier !

LA MARQUISE, suffoquant.

Madame...

MADAME POPLIEB.

Que signifie cette mascarade ?

LA MARQUISE, se remettant.

Vous devez le savoir, mieux que personne, madame. Le hasard nous jette ici, sans argent, sans ressources, épuisées de fatigue et de faim...

MADAME POPLIEB, avec un dédain affecté.

Et vous avez consenti ?... Oh ! fi !... C'est une injure à toute la noblesse de France !

LA MARQUISE, faisant un pas vers elle.

Madame...

MADAME POPLIEB, même jeu.

Ne m'approchez pas, je vous en prie !... Vous êtes imprégnée d'une odeur de graisse !

(La marquise jette son assiette à terre, et se laisse tomber sur une chaise, en pleurant.)

ISABELLE, d'un ton ému, à madame Poplieb.

Eh bien, oui, nous avons eu tort, madame. Nous ne savions, ni ma mère ni moi, ce que c'est que la misère. Nous avons eu tort de vous railler, quand nous devions vous tendre la main. Nous avons mal agi, nous croyant riches, en ne vous offrant pas une part de notre richesse. L'orgueil nous a mal conseillées. Mais vous êtes assez vengée ; — ma mère pleure ! Ayez pitié d'elle, si vous n'avez pas pitié de moi !

MADAME POPLIEB.

Voilà qui est parler, à la bonne heure !... Embrassez-moi, ma chère Isabelle. (Elle l'embrasse.) Votre main, marquise ?

LA MARQUISE, émue.

Ah ! comtesse !... (Montrant sa toilette.) car cette fois et sous ce costume ?...

MADAME POPLIEB, gaiement.

Je ne suis plus Mme Poplieb, non !... Ce brave Léchoppier, notre intendant, nous a fait parvenir enfin, en belles et bonnes espèces sonnantes, le prix de la vente de nos biens. Nous quittons le métier.

LA MARQUISE.

Vos mauvais jours sont finis. (Avec un soupir.) Les nôtres commencent ! (A Jolipont.) Jolipont, achevez la vaisselle.

JOLIPONT, résigné.

J'achève, madame, j'achève.

(Poplieb entre par la droite. Il est en costume de gentilhomme.)

MADAME POPLIEB, à Jolipont.

Laissez cela, monsieur le vidame, laissez cela.

LA MARQUISE.

Mais...

MADAME POPLIEB, en riant.

Oh! vous avez payé votre dîner assez cher... il y en a pour trois.

POPLIEB.

Et quand vous aurez dîné, marquise, si vous voulez bien nous faire l'honneur de monter dans notre chaise, nous gagnerons ensemble Coblentz. Une fois là, vous n'aurez plus besoin de nous.

LA MARQUISE.

Je l'espère. Mais si jamais, à charge de revanche... (Sa phrase est interrompue par Lina qui entre vivement par le fond, un sac de voyage à la main.)

LINA.

Patron, voilà... (Apercevant Poplieb et sa femme sous leur nouveau costume.) Oh! (Elle laisse tomber le sac.)

POPLIEB.

Approche, et écoute, ma petite Lina.

LINA.

J'écoute, patron.

POPLIEB.

Nous nous en allons, madame et moi, pour ne plus revenir. L'auberge t'appartient.

LINA, toute joyeuse.

Oh!

POPLIEB.

Tâche d'y faire fortune. Et si le malheur veut que nous y repassions les mains vides...

MADAME POPLIEB.

Tu nous feras crédit.

LINA.

Oh! oui, *wohl!*

POPLIEB, à la marquise.

Votre bras, marquise, et allons dîner.

LA MARQUISE.

Volontiers, comte.

POPLIEB, à Lina, qui a ramassé le sac et le lui présente.

Eh bien, Lina, qu'est-ce que cela?

LA MARQUISE, avec un cri de joie.

Ah! Jolipont!... mon sac!

LINA.

Que le voiturier vient de rapporter.

JOLIPONT.

Que n'est-il revenu un peu plus tôt!... Il nous épargnait...

LA MARQUISE.

Une leçon, dont nous avions grand besoin.

MADAME POPLIEB, gaiement.

... Et pour laquelle nous ne vous demandons rien, madame... que de l'oublier!

LOIN DES YEUX, LOIN DU CŒUR

PERSONNAGES.

BLANCHARD, cinquante ans.
DE LA JONQUIÈRE, quarante-six ans.
MADAME BLANCHARD, quarante-cinq ans.
VALÉRIE, fille de M. et Mme BLANCHARD, dix-huit ans.
VICTOIRE, femme de chambre, vingt ans.

LOIN DES YEUX, LOIN DU CŒUR

Un salon. Au fond, une grande porte, ouverte sur une marquise extérieure. A gauche, une fenêtre. Près de la fenêtre, un fauteuil et une table à ouvrage. A droite, au second plan, une porte; au premier plan, une cheminée avec glace; devant, deux fauteuils. Entre la porte et la cheminée, un portrait d'enfant accroché au mur. Au milieu de la scène, une table sur laquelle est préparé ce qu'il faut pour prendre le thé. Au fond, à gauche, un piano.

SCÈNE PREMIÈRE.

LA JONQUIÈRE, puis VICTOIRE

Au lever du rideau, la scène est vide. La Jonquière entre par le fond. Barbe et cheveux longs grisonnants; au milieu du visage, une grande balafre allant du front au milieu de la joue. Il descend lentement, regardant autour de lui.

LA JONQUIÈRE, avec émotion.

Personne!... Eh bien, tant mieux... Je ne suis pas fâché de rester seul un instant... J'ai besoin de me remettre et de me calmer avant de les revoir ces vieux, ces bons, ces chers amis que je n'ai pas vus depuis douze ans!... Ah! le cœur me bat... Douze ans! comme c'est peu de chose dans le passé!... Il me semble que c'est hier que je suis parti !... Et ma foi, avec un peu de bonne volonté, je m'y tromperais... Rien n'est changé ici. (Montrant un des fauteuils devant la cheminée.) Voilà le fauteuil de Blanchard ; (Du côté de la fenêtre.) celui de son excellente femme ; (Du côté de la cheminée.) le mien !... Ah ! que de bonnes soirées nous avons passées, jadis, tous les trois,... tandis que là,... sur les marches, jouait et babillait notre chère petite Valérie !... Car, j'étais un peu de la famille ; (Avec force.) et j'en suis toujours ! Mon cœur n'a pas plus changé que cette maison, pas plus que cette chambre, où tout, comme autrefois, semble me sourire, et me dit : « Te voilà donc de retour enfin, vieil ingrat ! » (Un silence.) Valérie !... Comme elle doit être grande et belle maintenant !... C'est une enfant que j'ai quittée, c'est presqu'une femme que je vais revoir ! (Regardant au fond.) Ah !... Antoine !... le vieux jardinier ! (Remontant et parlant à la cantonade.) Antoine !... Bonjour, mon ami !

VOIX AU DEHORS.

Bien le bonjour, monsieur.

LA JONQUIÈRE, redescendant, tout surpris.

Comment !... Il ne m'a pas reconnu ! Je suis donc bien changé ? (Se regardant à droite dans la glace.) Hélas, oui !... J'ai vieilli d'abord... et puis, cette balafre au milieu de la figure, ces cheveux longs... cette barbe que j'ai laissée pousser !... Mais cela ne les empêchera pas de me reconnaître, eux !... Quelle surprise ! et quelle joie !... « La Jonquière ! — Pas possible ! — C'est toi ! — D'où viens-tu ? — Qu'as-tu fait ? — Qu'es-tu devenu ?... » Je ne saurai auquel entendre ! (S'arrêtant comme pris d'une idée soudaine.) A moins que la mort... Oh ! non, non, je ne veux pas même y penser ! (A Victoire, qui entre par la droite.) C'est bien ici, mon enfant, que demeurent... (Appuyant.) M. et Mme Blanchard ?

VICTOIRE.

Oui, monsieur.

LA JONQUIÈRE.

Ils vont bien ?

VICTOIRE.

Oui, Monsieur.

LA JONQUIÈRE.

Tous les deux ?

VICTOIRE.

Mais oui, monsieur.

LA JONQUIÈRE.

Et mademoiselle Valérie aussi ?

VICTOIRE.

Oui, monsieur.

LA JONQUIÈRE.

Puis-je les voir ?

VICTOIRE.

Ces dames sont à leur toilette ; mais je vais...

LA JONQUIÈRE, vivement.

Ne les dérangez pas !

VICTOIRE.

C'est que monsieur est sorti...

LA JONQUIÈRE.

J'attendrai, mon enfant ; j'attendrai... merci. (Victoire sort par le fond.) L'émotion me trouble la cervelle décidément !... N'ai-je pas senti mon cœur se serrer parce que cette femme de chambre me parlait comme à un étranger !... Elle ne pouvait cependant me reconnaître... elle ne m'a jamais vu... c'est tout simple ! Mais le vieil Antoine ? Il me connaît, lui !... et pourtant!... S'ils allaient ne pas me reconnaître, eux non plus!... Si leur cœur, comme leurs yeux, m'avait oublié!... Allons, allons... c'est absurde! (Prêtant l'oreille.) On vient. (Apercevant Valérie qui entre par la droite, avec émotion.) Valérie!... ma petite Valérie!

SCÈNE II.

LE JONQUIÈRE, VALÉRIE.

VALÉRIE, saluant.

Monsieur...?

LA JONQUIÈRE.

Pardon, ma... mademoiselle, j'attends ici M. Blanchard... qui est sorti, vient-on de me dire.

VALÉRIE.

En effet, monsieur... mais si, en son absence, je puis vous répondre...?

LA JONQUIÈRE.

Non, mademoiselle, non. (A part.) Elle ne me reconnaît pas! (Haut.) C'est à M. Blanchard personnellement que j'ai affaire. (A part.) Mais elle n'avait que six ans quand je l'ai quittée... je suis fou!

VALÉRIE.

Mon père n'est pas loin, du reste, monsieur, et ne tardera pas... Il n'avait que deux mots à dire au notaire...

LA JONQUIÈRE.

M. Benoît.

VALÉRIE.

Vous le connaissez?

LA JONQUIÈRE, en souriant.

Oui, mademoiselle.

VALÉRIE.

Mais, j'y songe, c'est peut-être pour cette vente que vous désirez parler à mon père?

LA JONQUIÈRE, prenant la balle au bond.

Pour cette vente... en effet... oui, mademoiselle. (A part.) Ah! comme je l'embrasserais, si j'osais!... J'ai presque envie de me nommer.

VALÉRIE, au fond.

Ah!... vous n'aurez pas attendu bien longtemps, monsieur, voici mon père.

LA JONQUIÈRE, vivement regardant dehors. A part.

Blanchard!... c'est bien lui!... toujours le même... Il n'a pas vieilli.

SCÈNE III.

LA JONQUIÈRE, VALÉRIE, BLANCHARD.

BLANCHARD, saluant.

Monsieur...

LA JONQUIÈRE, à part, avec une surprise douloureuse.

Comment!... Lui, non plus!

VALÉRIE.

Monsieur vient pour la vente, père.

BLANCHARD.

Ah... parfaitement... Asseyez-vous donc, je vous en prie.

LA JONQUIÈRE, à part.

A la voix, il me reconnaîtra. (Haut.) Je vous attendais

avec impatience, monsieur. (A part.) Il n'a pas même tressailli !

BLANCHARD.

Le petit domaine vous irait donc ?

LA JONQUIÈRE, machinalement.

Oui... oui... (A part.) S'il pouvait se douter du mal qu'il me fait !

BLANCHARD.

C'est gentil... ça ne rapporte pas beaucoup... mais, il faut tout dire, je l'ai un peu négligé dans ces derniers temps. J'en ai tenu compte en établissant mon prix.

LA JONQUIÈRE, à part.

Tout le passé, tout le cher passé serait-il donc mort ?

BLANCHARD, poursuivant.

Ce n'était que juste. Si votre intention est de faire rendre à ces terrains-là tout ce qu'ils peuvent donner, vous aurez quelques milliers de francs à y mettre... Mais, pardon, avant de causer d'affaires, j'aurais dû m'informer si vous n'avez besoin de rien prendre.

LA JONQUIÈRE.

Je vous remercie.

BLANCHARD.

Le voyage n'est pas long ; mais c'est un voyage... une tasse de thé... seulement... avec nous ?

LA JONQUIÈRE, se ravisant.

Comme il vous plaira, monsieur... volontiers.

BLANCHARD.

Valérie, préviens ta mère, mon enfant ; dis-lui..

(Madame Blanchard entre par la droite.)

SCÈNE IV.

LA JONQUIÈRE, VALÉRIE, BLANCHARD, MADAME BLANCHARD.

MADAME BLANCHARD, qui a entendu les derniers mots.

Qu'y a-t-il?

BLANCHARD.

Ma chère amie, monsieur, qui vient pour l'affaire d'Hautefeuille, nous fait l'amitié d'accepter une tasse de thé.

MADAME BLANCHARD, saluant.

Rien de plus?

LA JONQUIÈRE, après avoir remercié du geste. A part.

Et j'étais si heureux de revenir!

VALÉRIE, qui a dressé le couvert.

Voilà, père; tout est prêt.

BLANCHARD.

Asseyez-vous là, cher monsieur, à la droite de Mme Blanchard.

LA JONQUIÈRE, à part. Tristement.

Ma place d'autrefois!

BLANCHARD, s'asseyant. Gaiement.

Nous n'avons pas de croissants... le boulanger d'ici n'en fait pas.

MADAME BLANCHARD.

Vous vous contenterez du pain de ménage.

LA JONQUIÈRE.

C'est celui que je préfère. (A part.) Eh bien, non, non! Je ne veux pas croire encore! Je ne me résigne pas!... Il faudra bien que, dans la conversation, mon

nom leur échappe; qu'une bribe du passé surgisse!
(Valérie sert le thé.)

BLANCHARD, après un moment de silence.

Ça, monsieur, comment l'idée a-t-elle pu vous venir d'acheter quelque chose par ici? Les communications ne sont pas très faciles...

LA JONQUIÈRE.

C'est vrai; mais le pays est magnifique.

BLANCHARD.

Vous le connaissez donc?
(La Jonquière répond par un signe affirmatif.)

MADAME BLANCHARD.

Bah! vraiment?

LA JONQUIÈRE.

J'y ai plus d'une fois chassé... jadis... avec des amis.

BLANCHARD.

Hé! mais, voilà qui marche à merveille!... Si vous êtes allé du côté d'Hautefeuille...

LA JONQUIÈRE.

Oui... mais il y a longtemps. (Appuyant.) Douze ans... au moins!

MADAME BLANCHARD, machinalement.

Tant que cela!

BLANCHARD.

N'importe; vous savez ce qu'y vaut la terre... ce qu'elle peut donner, et ce qu'il faut lui demander.

LA JONQUIÈRE.

Ce n'est pas un domaine à exploiter que je cherche.

BLANCHARD.

Diable!.... c'est que... comme habitation de plaisance... je ne dois pas vous cacher que ça laisse à désirer.

VALÉRIE.

La maison est un peu délabrée.

MADAME BLANCHARD.

Et à moins que vous ne soyez d'humeur à vous loger dans la ferme...

LA JONQUIÈRE.

Je ne veux faire de cela qu'un pied à terre pour la saison de chasse.

BLANCHARD.

Oh!... à ce point de vue-là, c'est autre chose!... La chasse...

LA JONQUIÈRE.

Les bois sont très giboyeux, je le sais... Je me rappelle y avoir tué trois chevreuils le même jour... dont deux sur un coup double.

BLANCHARD, machinalement.

Ah! ah! vraiment!

LA JONQUIÈRE.

Dans l'allée des Foulons. (A part.) Il doit bien s'en souvenir, il y était.

BLANCHARD.

Malheureusement, monsieur, la chasse ne dure pas toute l'année.

MADAME BLANCHARD.

Et de mars à septembre les distractions manquent un peu.

LA JONQUIÈRE.

On a la pêche...

VALÉRIE.

Oh! n'en parlons pas!... Deux ou trois mares...

LA JONQUIÈRE.

J'ai pris dans l'une d'elles un brochet de quatorze livres.

MADAME BLANCHARD, distraitement.

Quatorze livres !

LA JONQUIÈRE.

Oui... dans la Cochariotte.

BLANCHARD, même jeu.

Pas possible !

LA JONQUIÈRE, à part.

C'est lui qui m'a aidé à le tirer de l'eau ! (Haut.) C'était en 61... étiez-vous déjà dans le pays ?

BLANCHARD.

Nous l'habitons depuis vingt-trois ans !

LA JONQUIÈRE.

Cela étant, vous devez l'aimer.

BLANCHARD.

C'est beaucoup dire.

LA JONQUIÈRE.

Aride ou fertile, joyeux ou triste, on aime un pays, quand il est peuplé de souvenirs.

BLANCHARD.

Hé ! cher monsieur, quels souvenirs voulez-vous que nous laisse notre monotone existence ? Il n'y a pour nous, ici, ni veille ni lendemain. Nos jours se suivent et se ressemblent.

LA JONQUIÈRE.

Mais... pardonnez-moi cette indiscrétion, vous n'êtes pas toujours seuls ?

BLANCHARD.

Nous n'étions pas seuls, autrefois.

LA JONQUIÈRE, avec anxiété.

Ah...?

MADAME BLANCHARD.

Nous étions plus jeunes ; le monde ne nous effrayait pas ; et nous recevions.

BLANCHARD.

Oui... nous avons fait quelques bonnes parties... Mais c'est de l'histoire ancienne... à quoi bon revenir là-dessus ?... Nous n'avons besoin de rien, ni de personne ; nous vivons heureux à nous trois...

LA JONQUIÈRE, à part, tristement.

Ils ont oublié jusqu'à mon nom !

BLANCHARD, à La Jonquière.

Ce qui n'empêche, monsieur, que nous serons toujours heureux de vous accueillir, si, ce que je souhaite fort, vous vous décidez à conclure... Benoît vous a dit mon prix ?

LA JONQUIÈRE, se levant avec agitation.

Oui, monsieur, oui !... (Regardant le portrait.) C'est le portrait de mademoiselle, n'est-ce pas ?

MADAME BLANCHARD.

Elle avait cinq ans et demi.

BLANCHARD.

Et c'était frappant de ressemblance !

LA JONQUIÈRE, à part.

Je le sais bien ! (Haut.) Mademoiselle a grandi, mais n'a pas changé.

VALÉRIE, en souriant.

Vous trouvez, monsieur ?

LA JONQUIÈRE, comme à lui-même.

C'est toujours le même sourire qui appelle un sourire ; le même regard bienveillant et doux, avec une petite nuance de malice qui... (Faisant un effort pour contenir son émotion.) Il est très ressemblant ce portrait !

BLANCHARD.

Je dois vous prévenir, monsieur, que je ne ferai aucune concession sur le prix.

LA JONQUIÈRE, distraitement, regardant toujours le portrait.

Ah !

BLANCHARD.

Si je devais garder pour moi le prix de cette vente, je me montrerais plus conciliant.

LA JONQUIÈRE, même jeu.

Sans doute.

BLANCHARD.

Mais comme j'agis dans l'intérêt de deux enfants...

LA JONQUIÈRE, se retournant vivement.

Comment...! vous avez donc...?

BLANCHARD, avec quelque hésitation.

Non... de deux pauvres enfants... qui ne sont pas les miens... mais pour lesquels je veux que le marché soit aussi lucratif que possible.

LA JONQUIÈRE.

Ce que vous déciderez sera bien.

BLANCHARD.

Trop aimable, en vérité, monsieur... trop aimable !... Il ne nous sera pas difficile de tomber d'accord ; et quand nous aurons jeté ensemble un coup d'œil...

LA JONQUIÈRE.

C'est inutile.

BLANCHARD.

Mais...

MADAME BLANCHARD.

Vous causez d'affaires, nous vous laissons. (A La Jonquière.) Je ne vous dis pas adieu, monsieur, mais au revoir.

VALÉRIE, saluant.

Monsieur...

LA JONQUIÈRE, se contenant.

Voulez-vous me permettre de vous embrasser, mademoiselle ?

VALÉRIE.

Bien volontiers.

LA JONQUIÈRE, l'embrassant, à part.

C'est peut-être la dernière fois !

(Valérie et madame Blanchard sortent par la droite.)

BLANCHARD.

Vous ne pouvez cependant pas acheter chat en poche.

LA JONQUIÈRE, qui n'écoute pas.

Oui, monsieur, oui.

BLANCHARD.

Sans avoir au moins vu le plan.

LA JONQUIÈRE.

C'est juste.

BLANCHARD.

Je vais vous le chercher.

LA JONQUIÈRE.

Comme il vous plaira.

BLANCHARD.

Je reviens. (A part.) Qu'a-t-il donc à bayer ainsi aux corneilles ? (Haut.) Je reviens. (Il sort par la droite.)

SCÈNE V.

LA JONQUIÈRE, seul.

Ah! je n'en pouvais plus... j'étouffais!... Rien, rien!... Pas un mot de tout le passé!... Ce n'est pas même l'indifférence, non, c'est l'oubli — complet... Loin des yeux, loin du cœur! Il est donc vrai, ce proverbe désespérant! (Un moment de silence.) J'ai failli me lever tout à l'heure et partir!... Pourquoi suis-je resté? Pourquoi suis-je là?... Est-ce que je doute? Est-ce que j'espère?... Mais non, je ne puis pas douter!... Qu'ils ne m'aient pas reconnu, soit; je suis méconnaissable. Mais qu'ils n'aient pas tressailli au son de ma voix! Que, pendant cette heure qui vient de s'écouler, ils n'aient pas même prononcé mon nom!... Ah! je ne peux pas douter; je ne peux pas!... Et je reste cependant! (Il s'essuie les yeux.)

SCÈNE VI.

LA JONQUIÈRE, VALÉRIE.

VALÉRIE, entrant par la droite.

Qu'avez-vous donc, monsieur?

LA JONQUIÈRE, vivement.

Rien, mademoiselle, rien.

VALÉRIE.

Je suis indiscrète; pardonnez-moi.

LA JONQUIÈRE, remontant, son chapeau à la main.

Oh ! de tout mon cœur.

VALÉRIE.

Vous partez, monsieur ?

LA JONQUIÈRE, avec embarras.

Moi ?... Mais... oui... c'est-à-dire...

VALÉRIE.

Mon père vous fait attendre un peu ; mais il a quelque peine, je crois, à retrouver ce qu'il cherche.

LA JONQUIÈRE.

Le mal n'est pas grand, mademoiselle... Je vais faire un tour dans le jardin.

VALÉRIE, se mettant au piano.

Je dirai à mon père de vous y rejoindre.

LA JONQUIÈRE, à part.

Ah ! que j'ai eu tort de revenir ! (Au moment où il va sortir, Valérie joue les premières notes de l'air d'une vieille chanson. Il s'arrête court, en disant à part :) Mais... je me trompe pas !... cet air... c'est celui que je fredonnais constamment jadis ! « Tu chantes faux ! » me disait Blanchard en riant. (Haut, avec une émotion contenue.) Encore, mademoiselle, encore, je vous en prie !

(Valérie, un peu étonnée, reprend l'air.)

LA JONQUIÈRE.

C'est une bien vieille chanson. (A part.) Le dernier écho de mon passé !

VALÉRIE.

Vous n'en savez pas les paroles ?

LA JONQUIÈRE.

Non, mademoiselle. Et vous ?

VALÉRIE.

Moi non plus, monsieur.

LA JONQUIÈRE.

C'est dommage !

VALÉRIE, en souriant.

Vraiment ?

LA JONQUIÈRE.

J'aurais été bien heureux de vous l'entendre chanter.

VALÉRIE.

Vous aimez ces vieux refrains ?

LA JONQUIÈRE.

A mon âge, c'est tout simple... au vôtre, on aurait presque le droit de s'en étonner.

VALÉRIE.

J'aime tout ce qui rappelle mon enfance.

LA JONQUIÈRE.

Et cette chanson...?

VALÉRIE.

Me rappelle le temps où, toute petite fille — je n'avais pas encore l'âge de ce portrait — on me faisait, d'un seul doigt, essayer cela sur le piano.

LA JONQUIÈRE.

On...? Puis-je vous demander qui ?

VALÉRIE.

Un vieil ami de mon père.

LA JONQUIÈRE.

Qui vous aimait bien, n'est-ce pas ?

VALÉRIE.

Je le crois.

LA JONQUIÈRE.

Et que vous aimiez peut-être un peu ?

VALÉRIE, en souriant.

Parce qu'il me gâtait beaucoup sans doute.

LA JONQUIÈRE.

Vous n'en êtes pas sûre?

VALÉRIE, avec un peu d'embarras.

Je l'ai à peine connu... Nous avons cessé de le voir... Je ne saurais dire aujourd'hui s'il était blond ou brun, grand ou petit.

LA JONQUIÈRE, amèrement.

Et peut-être monsieur votre père n'en pourrait-il pas dire plus que vous.

VALÉRIE, étonnée.

Pourquoi cela, monsieur?

LA JONQUIÈRE.

Parce que l'amitié, mademoiselle, est un trésor dont les meilleurs de nous eux-mêmes ne savent pas le prix, et qu'ils gaspillent étourdiment. On appelle « ses vieux amis » des gens que l'on connaît depuis huit jours, à qui l'on presse avec effusion les mains quand ils entrent, et dont on ne sait plus même le nom quand ils sont sortis.

VALÉRIE.

S'il y a des gens qui prodiguent ainsi un pareil mot, je les plains!

LA JONQUIÈRE.

L'absent dont vous parlez était-il donc vraiment pour monsieur votre père un peu plus qu'un indifférent?

VALÉRIE.

Je vous l'ai déjà dit, monsieur... Mais pourquoi cette question?

LA JONQUIÈRE.

Parce que, tout à l'heure, mademoiselle, quand vos doigts ont chanté cela sur le piano, j'ai cru voir une larme dans vos yeux; quand vos lèvres ont laissé tomber ces mots: « un vieil ami de mon père, » j'ai cru sentir trembler votre voix.

VALÉRIE.

Vous ne vous êtes pas trompé.

LA JONQUIÈRE, ayant peine à maîtriser son émotion.

Ah!... vrai!... bien vrai?

VALÉRIE, toute surprise.

Oui, sans doute, monsieur; mais...

LA JONQUIÈRE, se remettant.

Cela ne me donne pas le droit de vous interroger, je l'avoue; pardon!

VALÉRIE, très doucement.

Oh! je ne vous en veux pas; — cela m'étonne, rien de plus.

LA JONQUIÈRE.

Lorsqu'un voyageur arrive dans un pays inconnu, tout l'y charme, tout l'y arrête; il en veut tout connaître et tout savoir; il regarde, il interroge, il cherche. — J'en suis là, moi qui ne croyais pas à l'amitié tout à l'heure, et qui serais si heureux d'y croire!

VALÉRIE.

Oh! vous y croiriez tout de suite si mon père était ici.

LA JONQUIÈRE.

Comment cela?

VALÉRIE.

Je n'aurais qu'à me remettre au piano et à jouer ce que je viens de jouer. Vous verriez mon père se lever tout agité, vous l'entendriez me dire : (Avec émotion.) « Valérie, tais-toi, mon enfant; tais-toi! »

LA JONQUIÈRE, à part.

Ah! (Haut.) Et cela ne me prouverait qu'une chose,

mademoiselle, c'est que ces quelques notes réveillent des souvenirs pénibles pour lui.

VALÉRIE.

Pénibles... c'est vrai!... Mais c'est qu'il aimait tant « son brave La Jonquière », comme il dit!

LA JONQUIÈRE, tout ému, s'oubliant.

La Jonq... Ah!... je...

VALÉRIE, étonnée.

Est-ce que vous l'avez connu, monsieur?

LA JONQUIÈRE, se remettant.

Non... mademoiselle.

VALÉRIE.

Ah! oui... il l'aimait bien!

LA JONQUIÈRE.

Il ne me semble cependant pas qu'il ait même prononcé ce nom tout à l'heure.

VALÉRIE.

Il ne le prononce plus; et nous évitons de le lui rappeler.

LA JONQUIÈRE, surpris à son tour.

Comment!

VALÉRIE.

A quoi bon l'affliger?

LA JONQUIÈRE.

Je ne comprends pas.

VALÉRIE.

M. de La Jonquière, qu'il connaissait et qu'il aimait depuis sa première enfance, qui avait traversé avec lui les jours de misère, connu avec lui des jours meilleurs, qui vivait, ici, près de lui, depuis dix ans, est parti brusquement, sans un adieu, sans un mot...

LA JONQUIÈRE, vivement.

Sans une lettre ?

VALÉRIE.

Non... il a écrit... un mois après.

LA JONQUIÈRE.

Il a expliqué sa conduite, donné les motifs de son départ.

VALÉRIE.

Ruiné, disait-il, il ne voulait pas être à la charge de ses amis.

LA JONQUIÈRE.

Délicatesse de sa part.

VALÉRIE.

Egoïsme et fierté, plutôt !... Car il avait si peur de nous rien devoir, qu'il n'a même pas, dans cette malheureuse lettre, dit ce qu'il comptait faire, où il était ; et mon pauvre père, désolé, n'a pu lui répondre ni lui venir en aide.

LA JONQUIÈRE.

Et, depuis douze ans, vous êtes restés sans nouvelles de lui?

VALÉRIE.

Non. Il a écrit quelquefois...

LA JONQUIÈRE.

Il parlait de ses projets d'avenir sans doute?

VALÉRIE.

Oui.

LA JONQUIÈRE.

De son espoir de retour.

VALÉRIE.

Souvent.

LA JONQUIÈRE.

Et de son amitié ?

VALÉRIE.

Toujours !... Mais, il y a quatre ans, les lettres ont cessé tout à coup.

LA JONQUIÈRE, vivement.

Où était-il alors ?

VALÉRIE.

En Australie, où il comptait faire de l'élevage en grand.

LA JONQUIÈRE.

Il lui fallait, pour cela, s'enfoncer dans des pays inconnus, sans communications possibles...

VALÉRIE, tristement, d'un air de doute.

Il aurait passé quatre ans...

LA JONQUIÈRE.

En plein désert... pourquoi non ?

VALÉRIE, même jeu.

Sans revenir une seule fois à Melbourne ou à Sidney ?

LA JONQUIÈRE.

Pourquoi non ?

VALÉRIE.

Sans y envoyer personne ?

LA JONQUIÈRE.

Pourquoi non, encore, mademoiselle ?... Pourquoi l'avoir accusé d'indifférence ou d'oubli ?

VALÉRIE, très simplement.

Mais nous n'y avons pas songé, monsieur. (Geste de surprise de La Jonquière.) Nous l'avons cru mort.

LA JONQUIÈRE, à part, contenant sa joie.

Ah !... mes pauvres amis !

VALÉRIE.

Et depuis, nous ne prononçons plus son nom pour ne pas affliger mon père ; mon père ne le prononce plus pour ne pas nous affliger... mais nous pensons à lui tous les trois...

LA JONQUIÈRE, tout ému.

Oh! parlez... parlez encore, mademoiselle... j'écoute !

VALÉRIE.

Nous le croyons mort; et nous l'attendons, malgré nous.

LA JONQUIÈRE.

Vraiment ?

VALÉRIE.

On fait sa chambre tous les jours, comme si, tous les jours, il devait y revenir !... Mais elle reste vide... on ne l'habite pas, on ne la donne à personne... qu'aux deux gamins, quand ils viennent.

LA JONQUIÈRE, avec étonnement.

Les deux ?...

VALÉRIE.

Son neveu et sa nièce.

LA JONQUIÈRE.

Comment! (A part.) Mais quand je suis parti... (Haut.) Ce monsieur de La Jonquière avait donc...

VALÉRIE.

Un frère... oui... qu'il voyait peu, qui s'est marié après son départ, et qui est mort...

LA JONQUIÈRE, à part.

Pauvre Raymond !

VALÉRIE, continuant sa phrase.

... Laissant deux enfants qu'il aurait recueillis et élevés, lui.

LA JONQUIÈRE, avec force.

Certes !

VALÉRIE.

Ce qu'il aurait fait, nous devions le faire.

LA JONQUIÈRE.

Et c'est pour eux que M. Blanchard vend aujourd'hui...?

VALÉRIE.

Le domaine d'Hautefeuille ; oui, monsieur.

LA JONQUIÈRE, à part.

Et je les accusais ! (Haut, avec un entrain joyeux.) Ah ! mademoiselle, je ne pouvais pas souffrir le piano ; vous venez de me le faire aimer ! (Remontant, à part.) Il faudra bien qu'ils me reconnaissent ! (Il sort en courant par le fond.)

SCÈNE VII.

VALÉRIE, seule.

Qu'a-t-il donc ?... Pourquoi ce trouble ?... Aurait-il connu M. de La Jonquière ?... Il m'a répondu « non » tout à l'heure... Mais peut-être sait-il... Ah ! mon père serait bien heureux !

SCÈNE VIII.

VALÉRIE, BLANCHARD, puis MADAME BLANCHARD, puis VICTOIRE, puis LA JONQUIÈRE.

BLANCHARD, entrant par la droite, un plan à la main, et croyant parler à La Jonquière.

Pardonnez-moi de vous avoir fait attendre ; voici le... (Regardant autour de lui.) Eh bien ? Il est parti ?

VALÉRIE.

Brusquement.

BLANCHARD.

Sans dire où il allait? s'il reviendrait?

VALÉRIE.

Rien.

BLANCHARD.

Voilà qui est étrange !

VALÉRIE.

D'autant plus qu'il semblait très agité, très ému...

MADAME BLANCHARD, qui entre par la droite
et qui a entendu les derniers mots.

Qui cela ?

BLANCHARD.

Ce monsieur qui était ici tout à l'heure et qui vient de disparaître, sans rime ni raison.

MADAME BLANCHARD.

Ah !

BLANCHARD, à Valérie.

Et tu ne te doutes pas des motifs?...

VALÉRIE.

Non. Tout ce que je puis vous dire, c'est que le hasard de l'entretien m'ayant amené à lui parler de M. de La Jonquière...

BLANCHARD, vivement.

Il le connaît ?

VALÉRIE.

Je le crois.

MADAME BLANCHARD.

Et tu ne l'as pas interrogé ! Tu ne l'as pas retenu !

VALÉRIE.

J'y ai songé trop tard.

BLANCHARD, remontant.

Oh! je le retrouverai!... S'il a des nouvelles, de gré ou de force, il me les donnera!

VICTOIRE, paraissant au fond, une lettre à la main.

Une lettre qu'on vient d'apporter.

BLANCHARD, prenant la lettre.

Qui?

VICTOIRE.

Le petit clerc de M. Benoît.

BLANCHARD.

Tiens !... à quel propos Benoît m'écrit-il?

MADAME BLANCHARD.

Lisez, mon ami, lisez ! (Victoire sort.)

BLANCHARD, lisant.

« Cher monsieur, je reçois avis que les mineurs de La Jonquière, sur la tête desquels vous vous proposiez de placer le produit de la vente du domaine d'Hautefeuille, seront d'ici peu envoyés en possession d'une fortune considérable. Il est donc inutile... » (Laissant tomber la lettre.) Ah! je le savais bien qu'il était mort!... Je m'y attendais; et c'est plus fort que moi; je... (Il pleure.)

VALÉRIE.

Un peu de courage, père !

BLANCHARD.

Ah! tu ne l'as pas connu, toi, chère enfant!... Tu étais grande comme ça, quand il est parti.

MADAME BLANCHARD.

Mais je l'ai connu, moi.

BLANCHARD.

A peine... et plus d'une fois, sans doute, vous vous

êtes étonnées toutes les deux de la force de cette amitié.

MADAME BLANCHARD.

Je vous assure...

BLANCHARD.

Ah ! c'est que vous ne savez pas ce que c'est que d'avoir grandi ensemble ; d'avoir ensemble souffert des privations et de la misère ; d'avoir vécu pendant vingt ans des mêmes illusions et des mêmes rêves !... Ah ! je l'aimais bien !

MADAME BLANCHARD.

Et je l'aimais comme vous, mon ami.

BLANCHARD.

Que de fois il s'est assis là !... Vous vous en souvenez ? Pendant les longues soirées d'été, quand venait la brune, nous restions là, tous les trois, plongés dans notre rêverie, écoutant au loin les derniers bruits qui nous arrivaient du village avec l'*Angelus*... une tristesse vague nous gagnait ; et ce pauvre La Jonquière, pour changer le cours de nos idées, se levait et s'écriait en riant :...

LA JONQUIÈRE, qui est entré au fond depuis un moment, la barbe et les cheveux coupés.

... « Nous vieillissons, mes bons amis ! »

BLANCHARD, avec un cri de joie.

La Jonquière !

MADAME BLANCHARD ET VALÉRIE.

Ah !

BLANCHARD.

Vivant !

LA JONQUIÈRE.

Oui, mon vieux Blanchard ; vivant !

(Ils s'embrassent.)

BLANCHARD.

Mais laisse donc que je te regarde !... Il me semble...

LA JONQUIÈRE.

Tu te décides à me reconnaître.

BLANCHARD.

C'était toi !

LA JONQUIÈRE.

En personne !

MADAME BLANCHARD.

Et nous avons pu !...

LA JONQUIÈRE.

C'est ma faute...! J'aurais dû couper ma barbe un peu plus tôt.

BLANCHARD.

Et tu ne t'es pas nommé !

LA JONQUIÈRE.

Je m'en serais bien gardé !... Je me croyais oublié ; j'allais partir... et, sans notre chère petite Valérie...

BLANCHARD.

Ah ! La Jonquière, tu as douté de nous... c'est mal !

LA JONQUIÈRE.

Vous m'en voulez ?

BLANCHARD.

Nous sommes trop heureux pour cela !... Mais, voyons, parle !... Qu'es-tu devenu ? d'où viens-tu ?

LA JONQUIÈRE.

D'Australie.

BLANCHARD.

Et tu rapportes une fortune ?

LA JONQUIÈRE.

Dont je fais trois parts : une pour les « deux gamins », une pour moi... (Tendant la main à Blanchard et à sa femme.) et une pour vous.

BLANCHARD, vivement.

Je refuse.

LA JONQUIÈRE.

Hein ?

BLANCHARD.

Je refuse. Tu es parti pour ne rien accepter de nous, et tu t'imagines...

LA JONQUIÈRE, gaiement.

Très bien, très bien... une vieille rancune... soit... mais tu accepteras !

BLANCHARD.

Bah !... et pourquoi cela, je te prie ?

LA JONQUIÈRE.

Parce que tu n'as pas le droit de refuser...

BLANCHARD.

Oh ! oh !

LA JONQUIÈRE.

La dot que je donne à ta fille... en ma qualité de parrain.

MADAME BLANCHARD.

Il a raison.

BLANCHARD.

Il a raison.

LA JONQUIÈRE.

A la bonne heure !... et ne parlons plus du passé.

VALÉRIE.

La mémoire du cœur, monsieur, vaut mieux que la mémoire des yeux.

ABSENT LE CHAT
LES SOURIS DANSENT

PERSONNAGES.

MARCONNET, soixante ans.
SUZANNE, veuve de Lirac, sa fille, vingt-cinq ans.
DE LA BRICHARDIÈRE, quarante ans.
BAPTISTE, valet de chambre, cinquante ans.
MARIETTE, femme de chambre, vingt ans.
CATHERINE, cuisinière, vingt-deux ans.

ABSENT LE CHAT
LES SOURIS DANSENT

Un élégant salon à pans coupés. Au fond, une porte. Fenêtres dans les pans coupés. Portes latérales. A droite, une cheminée. Fauteuils et canapé devant la cheminée.

SCÈNE PREMIÈRE.

MARCONNET, SUZANNE, puis MARIETTE.

Au lever du rideau, Suzanne est étendue dans un fauteuil à droite. Elle joue d'un air distrait avec son éventail, Marconnet est debout près de la cheminée.

MARCONNET.

Voyons, voyons, raisonnons.

SUZANNE.

Je ne demande pas mieux, papa.

MARCONNET.

Tu ne connais pas M. de La Brichardière.

SUZANNE.

Et je ne souhaite pas de le connaître.

MARCONNET.

Il a quarante ans, et ne paraît certes pas les avoir. Il est bien de sa personne. Il appartient au meilleur monde. Il a dans le département une situation des plus honorables, une belle fortune, en terres... C'est un homme d'un caractère toujours égal, tranquille et mesuré, dont tu n'aurais à redouter ni emportements ni caprices. Que veux-tu de plus ?

SUZANNE.

Rien. Je ne veux pas de lui, voilà tout.

MARCONNET.

Tu ne peux cependant pas rester veuve.

SUZANNE.

Pourquoi ?

MARCONNET.

Parce que je me fais vieux, ma chère enfant...

SUZANNE.

Vous le dites ; mais vous n'en pensez pas un mot.

MARCONNET.

Si, si, je me fais vieux ; et tu es bien jeune, toi ! Tu es un peu étourdie, un peu frivole, un peu...

SUZANNE, en riant.

C'est dommage que votre M. de La Brichardière ne soit pas là ! Ce panégyrique lui ferait peur ; il s'en irait et ne reviendrait plus.

MARCONNET.

Tu as assez de belles et bonnes qualités pour faire oublier deux ou trois petits défauts... de jeunesse ; et c'est parce que je sais ce que tu vaux que je voudrais te donner un mari digne de toi.

SUZANNE.

Mais, père, puisque je me trouve heureuse, comme je suis ! Puisque je ne demande qu'à me corriger de mes « deux ou trois petits défauts » en vieillissant près de vous !

MARCONNET.

Mais je ne serai pas toujours là, mon enfant.

SUZANNE.

Encore !

MARCONNET.

Et cela me désole de penser...

SUZANNE.

Eh bien, voyons, père... nous en reparlerons... dans six mois...

MARCONNET, ironiquement.

A Pâques ?

SUZANNE, en riant.

Ou à la Trinité !... Êtes-vous content ?

MARCONNET.

Content ?... Non... d'autant moins que j'ai déjà touché quelques mots de ce projet à M. de La Brichardière...

SUZANNE, vivement.

Sans me consulter !

MARCONNET.

Oh ! je n'ai pas engagé ta parole.

SUZANNE.

Je l'espère bien !

MARCONNET.

Mais je lui ai promis de faire tous mes efforts...

SUZANNE.

Eh bien, père, vous les avez faits... vous n'avez rien à vous reprocher ; n'en parlons plus.

MARCONNET.

C'est que...

SUZANNE.

Monsieur de La Brichardière sera bientôt consolé,

j'imagine... Il ne me connaît pas ; il ne m'a jamais vue.

MARCONNET.

Mais il a le plus vif désir de te voir et de te connaître.

SUZANNE.

Oh ! cela... non... je vous en prie !

MARCONNET.

Comment !...

SUZANNE, en riant.

Laissez-les prendre un pied chez vous, ils en auront bientôt pris quatre !... Je tiens à ma liberté, petit père... Si vous voulez être bien gentil, nous laisserons M. de La Brichardière où il est, et nous resterons où nous sommes.

MARCONNET.

C'est que... je l'avais engagé...

SUZANNE, vivement.

A venir?

MARCONNET.

Oui.

SUZANNE, montrant la table.

Eh bien, père, mettez-vous là... écrivez !... Dites-lui que je suis malade... au lit... très souffrante ; que vous le priez de vous excuser... tout ce que vous voudrez enfin, pourvu qu'il ne vienne pas !

MARCONNET, d'un air hésitant.

C'est qu'il va venir.

SUZANNE, se levant vivement.

Aujourd'hui ?

MARCONNET.

Ce matin... je l'ai invité à déjeuner...

SUZANNE, avec dépit.

Ah !

MARCONNET.

Pour onze heures.

SUZANNE.

Et il est dix heures et demie ! (Elle sonne violemment. Mariette entre par la droite.) Mon mantelet... mon chapeau... vite ! (Mariette sort à gauche.)

MARCONNET, stupéfait.

Comment, tu...?

SUZANNE.

Je m'en vais, je me sauve !... Et pour que ce monsieur ne se méprenne pas, pour qu'il sache dès maintenant à quoi s'en tenir, je vous emmène.

MARCONNET.

Ah !... mon enfant !...

SUZANNE.

Je vous emmène !... Allons, allons... votre chapeau... votre canne ! (A Mariette, qui lui apporte ce qu'elle a demandé.) Merci, Mariette... Nous sortons.

MARIETTE.

Faut-il faire atteler ?

SUZANNE.

C'est inutile... Nous allons, mon père et moi, déjeuner et dîner chez ma belle-sœur... Nous ne rentrerons que ce soir... très tard.

MARIETTE.

Mais, madame... le déjeuner ?

SUZANNE.

Faites-en ce que vous voudrez. (Elle sort vivement par le fond.)

MARCONNET, essayant de la retenir.

Suzanne !... Je t'en prie !... (A part.) Il faut bien que je la suive pour lui faire entendre raison ! (Il sort par le fond.)

SCÈNE II.

MARIETTE, puis BAPTISTE.

MARIETTE, regardant à la fenêtre.

La grille se referme... ils sont partis. (S'étalant dans le fauteuil où était assise madame de Lirac.) Ouf !... En voilà pour une journée à ne pas entendre la sonnette !... car elle en abuse de la sonnette, madame !... Pour un oui, pour un non, v'lan ! (Tout en parlant, elle a pris le cordon de la sonnette, en disant : V'lan ! Elle a sonné.)

BAPTISTE, paraissant à droite, étonné de trouver Mariette seule.

Tiens ! j'ai cru qu'on avait sonné.

MARIETTE.

Et vous ne vous êtes pas trompé, monsieur Baptiste ; on a sonné.

BAPTISTE.

Qui ça ?

MARIETTE.

Puisque je suis toute seule, qui voulez-vous que ça *soye?*

BAPTISTE.

« Que ce soit » ; pas « que ça *soye!* » (Il s'assied sur le canapé.)

MARIETTE.

Ce n'était pas la peine de me reprendre. Le déjeuner est prêt?

BAPTISTE.

Il y a beau jour !... Catherine s'impatiente.

MARIETTE.

Eh bien, aidez-moi à mettre la table.

BAPTISTE.

La table !... On dit plus correctement...

MARIETTE.

Vous m'agacez, monsieur Baptiste !

BAPTISTE.

C'est dans votre intérêt. (Il va pour sortir à gauche.)

MARIETTE.

Eh bien, où allez-vous ?

BAPTISTE.

Dresser le couvert.

MARIETTE.

Où ça ?

BAPTISTE.

Dans la salle à manger.

MARIETTE.

On déjeune ici.

BAPTISTE.

Dans le salon ?

MARIETTE.

Oui... c'est plus gai.

BAPTISTE.

Ah !... comme on voudra... ça m'est égal. (Il sort un instant, rentre apportant tout ce qu'il faut, et dresse le couvert.)

MARIETTE, à part, le suivant des yeux.

Ce pauvre Baptiste !... Tout ce qu'on veut est bien ; tout ce qu'on lui demande est juste !... On le bouscule, il ne se plaint pas ! Monsieur a toujours raison, et madame n'a jamais tort... Ce que c'est que de vieillir !

BAPTISTE.

Là... c'est fait.

MARIETTE.

Vous n'avez mis que deux couverts... Il en faut trois, et des serviettes propres.

BAPTISTE.

Il y a du monde?

MARIETTE.

A ce qu'il paraît. (Elle sonne deux coups.)

SCENE III.

MARIETTE, CATHERINE, BAPTISTE.

CATHERINE, entrant à droite.

Madame a sonné?

MARIETTE.

Oui, servez.

CATHERINE, voyant Mariette étendue dans le fauteuil.

Eh bien, ne nous gênons pas, ma petite.

MARIETTE.

Vous voyez que je n'ai pas attendu votre permission.

BAPTISTE.

Si madame entrait par hasard!...

MARIETTE.

Madame est chez sa belle-sœur avec le papa Marconnet. On ne rentrera que ce soir, très tard !

CATHERINE.

Eh bien, et le déjeuner ?

MARIETTE.

Faites-en ce que vous voudrez, *qu'elle m'a dit*.

BAPTISTE.

« M'a-t-elle dit » ; pas « qu'elle m'a dit ».

(Mariette hausse les épaules.)

CATHERINE.

Mais je croyais qu'on attendait quelqu'un?

MARIETTE.

Si on avait attendu quelqu'un, on ne serait pas parti.

BAPTISTE.

C'est juste.

MARIETTE, se levant.

Nous sommes chez nous! Allons, à table. M. Baptiste! (s'asseyant.) Asseyez-vous là, près de moi.

CATHERINE, même jeu.

Et entamons le pâté!

BAPTISTE, débouchant une bouteille.

Qu'est-ce que c'est que ce vin-là?

CATHERINE.

Du bordeaux.

BAPTISTE.

J'aime mieux le bourgogne... Mais, pour une fois...

(Ils commencent à déjeuner.)

MARIETTE.

Eh bien, on dira ce qu'on voudra, le pâté vaut mieux dans ces assiettes-là que dans les autres; et dans un verre mousseline le bordeaux a plus *de fumet!*

BAPTISTE.

De bouquet! Mariette, de bouquet!

MARIETTE, avec impatience.

Ah! monsieur Baptiste!...

CATHERINE, à Mariette.

Laissez-le dire... c'est sa manie!... On a chacun ses petits défauts. (A Baptiste.) Mais que *ça soye* bouquet ou fumet, Mariette a raison; et j'aime mieux boire là dedans que dans mes gros verres de la cuisine!

MARIETTE, en soupirant.

Ah! si le ciel était juste!

BAPTISTE.

Qu'est-ce qu'il ferait?

MARIETTE.

Il me donnerait vingt-cinq mille livres de rente, une petite maison comme celle-ci...

BAPTISTE.

Economisez sur vos gages.

MARIETTE, ironiquement.

Jolis, mes gages! Quarante-cinq francs!

BAPTISTE, en souriant.

Et le reste!... La place n'est pas mauvaise, allons.

CATHERINE.

Il y a mieux.

BAPTISTE.

Papa Marconnet est un brave homme.

CATHERINE.

Une vieille bête!

BAPTISTE.

Qui ne se mêle jamais de ce qui ne le regarde pas.

MARIETTE.

Il n'a que ça pour lui.

BAPTISTE.

Sa fille est une bien gentille petite femme...

MARIETTE.

Une sucrée!... qui prend tout du bout du doigt!... On dirait que ça la fatigue de se remuer!

CATHERINE.

Et chipotière!

MARIETTE.
Elle use ses robes jusqu'à la corde !
CATHERINE.
Et regardante !... des scènes pour quat'sous de beurre !
BAPTISTE.
Elle est économe, cette petite femme... c'est son droit.
CATHERINE.
Quand on est si gênée que ça, on ne mange pas de truffes.
BAPTISTE.
Il faut tenir son rang.
MARIETTE, levant les épaules.
Son rang !... sous prétexte qu'elle est veuve d'un baron !... ça fait de la peine... Un baron de l'Empire ! et encore on n'a jamais vu les parchemins !... Un baron n'aurait jamais épousé la fille d'un ferblantier dont le père était chaudronnier !
BAPTISTE.
Bah !
MARIETTE.
Ni plus ni moins.
CATHERINE, dédaigneusement.
Du petit monde !
MARIETTE, même jeu.
Moins que ça !
BAPTISTE.
Oh !
CATHERINE.
Et ça vous a des airs ! et ça vous regarde du haut en bas !

MARIETTE.

Et ça passe des journées entières dans un fauteuil, avec des petites mines à pouffer de rire!

CATHERINE.

Et pendant ce temps-là, nous trimons, nous autres!

MARIETTE.

Oh, oui! que nous trimons!

BAPTISTE.

« Nous... » pas... « que nous!... »

MARIETTE.

Vous m'impatientez, monsieur Baptiste!

BAPTISTE.

C'est dans votre intérêt.

MARIETTE.

Vraiment?

BAPTISTE, avec une pointe d'ironie.

Jeune et gentille comme vous êtes, avec une bonne éducation... qui sait?... vous pourriez trouver un mari qui vous débarrasserait du tablier!

MARIETTE, froissée.

Mon éducation? Qu'est-ce qu'il lui manque à mon éducation?

BAPTISTE.

Bien des petites choses.

MARIETTE.

Elle ne vaut pas celle de madame, peut-être, mon éducation?

BAPTISTE, hochant la tête.

Hé, hé!

MARIETTE.

Si j'étais à sa place, je ne m'y tiendrais peut-être pas tout comme elle?

BAPTISTE, même jeu.

Hé, hé !

MARIETTE, jouant la femme du monde.

Encore un peu de pâté, ma chère belle ?... Etes-vous souffrante ?... Faites donc venir notre bon docteur !... Baptiste, il y a des verres vides !... un peu d'attention, je vous en prie !

CATHERINE, en riant.

Ah ! parfait ! parfait !

BAPTISTE.

Assez réussi, je ne dis pas !... Mais il reste des nuances.

MARIETTE, haussant les épaules.

Il reste... la robe, voilà tout !... ajoutez-moi là une traîne, un pouff et des rubans...

BAPTISTE, d'un air de doute.

Ça gêne, quand on n'en a pas l'habitude.

MARIETTE, piquée au jeu.

Ça gêne ?... Eh bien, attendez un peu... je suis de la même taille que madame... (Elle sort vivement par la gauche.)

SCÈNE IV.

CATHERINE, BAPTISTE.

BAPTISTE.

Gentille, Mariette !... Mais elle a un petit grain de vanité qui pourrait lui jouer un mauvais tour !

CATHERINE.

C'est vous qui l'asticotez !

BAPTISTE.

Dans son intérêt.

CATHERINE.

Ah! ouiche!

BAPTISTE.

Ici-bas, voyez-vous, Catherine, il faut savoir se trouver bien comme on est.

CATHERINE, dédaigneusement.

Vous étiez né pour être valet de chambre, vous!

BAPTISTE.

Je le suis, en tout cas... Si l'on m'avait donné le choix, j'aurais peut-être demandé de préférence à être ambassadeur ou millionnaire; mais...

(Mariette rentre, à gauche; toilette de ville très élégante.)

SCÈNE V.

CATHERINE, BAPTISTE, MARIETTE.

MARIETTE, jouant la grande dame.

Baptiste?

CATHERINE, riant.

Oh! parfait! parfait!

MARIETTE.

Enlevez tout cela! (Baptiste débarrasse la table en riant.) Ah!... Baptiste! Si quelqu'un vient, je n'y suis pas... Si on insiste, vous répondrez que madame est souffrante!

CATHERINE, battant des mains.

Parfait!... Tout à fait ça!... A croire que c'est madame.

MARIETTE, en riant.

Qu'en dites-vous, monsieur Baptiste?

####### BAPTISTE.

J'en dis... que, comme imitation, ce n'est pas mal ; mais que vous aurez beau faire, il reste des nuances, et ce je ne sais quoi...

####### MARIETTE.

Il est insupportable, ma parole d'honneur, avec son « je ne sais quoi »!... Comment est-ce fait ce je ne sais quoi là? Et où le prenez-vous?

####### BAPTISTE.

C'est difficile à dire, ma petite Mariette. Mais c'est à ce « je ne sais quoi » là que les gens du monde se reconnaissent les uns les autres. Un geste, un mot, un regard, moins encore, et ils savent à qui ils parlent.

####### MARIETTE, ironiquement.

C'est-à-dire que sur mon compte un « gens du monde » ne se tromperait pas.

####### BAPTISTE.

Hé, hé... J'en ai peur.

####### MARIETTE.

Et je vous dis, moi...

####### CATHERINE.

Chut !... on vient d'ouvrir la grille. (Elle regarde par la fenêtre de droite.)

####### BAPTISTE.

Qui est-ce?

####### CATHERINE.

Un monsieur... que je ne connais pas.

####### BAPTISTE, regardant à son tour.

En effet... je ne l'ai jamais vu.

####### MARIETTE.

Eh bien, voilà une occasion. Je parie qu'il s'y trompera.

BAPTISTE, lui frappant dans la main.

Tenu. — Mais prenez garde, Mariette ! Si ce monsieur connaît madame...

MARIETTE.

Eh bien, madame est sortie ; je suis une de ses amies ; voilà tout !... Et, s'il ne la connaît pas, je n'ai rien à craindre. (Montrant la table.) Vite ! vite ! (Baptiste et Catherine enlèvent tout à la hâte.) Le voilà ! (Elle s'assied dans le fauteuil à droite. Catherine sort par la droite. La Brichardière entre par le fond.)

SCÈNE VI.

MARIETTE, LA BRICHARDIÈRE.

LA BRICHARDIÈRE, à Baptiste.

Madame de Lirac ? (Apercevant Mariette et saluant avec empressement.) Ah !... madame !...

MARIETTE, à part.

Il ne la connaît pas. — Très bien ! (Haut, à Baptiste.) Allez, Baptiste !

(Baptiste sort en riant par la droite.)

LA BRICHARDIÈRE.

Je regrette, madame, que monsieur votre père ne soit pas là pour me présenter. Mais je pense que ma visite n'était pas tout à fait inattendue.

MARIETTE, à part.

Diable ! (Haut.) En effet, monsieur... asseyez-vous donc ! (La Brichardière s'assied sur le canapé.) Vous ne voulez rien prendre ?

LA BRICHARDIÈRE.

Mille fois merci.

MARIETTE.

Vous avez chaud !... Vous avez marché vite, peut-être ?

LA BRICHARDIÈRE, d'un ton très posé.

Oh, non !... Jamais !... Je n'aime, en rien, l'excès qui agite les nerfs et donne la fièvre. Le mouvement et l'agitation me sont odieux, chez autrui, comme chez moi-même. Je suis d'une nature calme...

MARIETTE.

Ah ?

LA BRICHARDIÈRE.

Très calme ! C'est ma dominante.

MARIETTE, qui n'a pas très bien compris.

Ah !

LA BRICHARDIÈRE.

Ce que je sais déjà de vous, madame, par votre excellent père, me laisse à penser que cela ne saurait être un obstacle à nos projets.

MARIETTE, embarrassée.

Oh !... je ne pense pas, monsieur... non... certainement. (A part.) Je n'y suis pas du tout !

LA BRICHARDIÈRE.

Et votre bienveillant accueil me fait espérer que les autres sont déjà levés en partie.

MARIETTE, très gracieuse.

Je le présuppose, monsieur.

LA BRICHARDIÈRE, à part. Avec étonnement.

Présuppose ?... Elle manque de grammaire. (Haut.) Je ne me dissimule pas qu'il y a quelque témérité de ma part à me présenter ainsi...

MARIETTE.

Mais pas du tout... au contraire !

LA BRICHARDIÈRE.

Ah!... voilà qui m'encourage!... Je vois avec plaisir que ce bon M. Marconnet m'a tenu parole, et qu'il a chaudement plaidé ma cause auprès de vous.

MARIETTE.

Oh! pour ça!... (A part.) J'y suis de moins en moins.

LA BRICHARDIÈRE.

Je l'en remercie!... Une première entrevue de cette nature ne va pas habituellement sans quelque gêne de part et d'autre ; et je suis bien heureux de n'être déjà plus tout à fait un inconnu pour vous.

MARIETTE.

Comment donc, monsieur... mais... (A part.) Si je savais seulement à qui je parle! (Haut.) Avec un nom et une fortune comme les vôtres...

LA BRICHARDIÈRE.

Oh! ne parlons pas de la fortune, je vous en prie!... Quant au nom, il est honorable. Vous avez pu le voir dans le Gotha...

MARIETTE.

Dans le Bottin... mais oui... parfaitement.

LA BRICHARDIÈRE, étonné. A part.

Est-ce qu'elle n'a pas dit : « le Bottin » ? (Haut.) Nous sommes alliés par les femmes à la famille de Mecklembourg...

MARIETTE.

Qui a de si beaux chevaux!

LA BRICHARDIÈRE, d'un air ahuri.

Pardon... madame... de si beaux?...

MARIETTE, avec aplomb.

Chevaux!... Les chevaux de Mecklembourg!

LA BRICHARDIÈRE, riant avec effort.

Ah! ah! ah!... très joli!... très drôle!... Je vous demande pardon... Je n'y étais pas! (A part.) Quelle singulière éducation! (Haut.) Je ne fais pas sonner cela, croyez-le bien, pour me faire valoir. Je constate, rien de plus. L'homme ne vaut que par lui-même; et c'est à mes seules qualités, si vous voulez bien, plus tard, m'en reconnaître quelques-unes, que je veux devoir l'honneur de votre alliance.

MARIETTE, stupéfaite. A part.

Un mariage!

LA BRICHARDIÈRE.

Je ne viens pas du reste, madame, solliciter une réponse immédiate.

MARIETTE, à part.

Comment me tirer de là?

LA BRICHARDIÈRE.

En cela, moins qu'en toute autre chose, il faut se hâter.

MARIETTE, à part.

S'il remet les pieds ici, je suis perdue!

LA BRICHARDIÈRE.

Et, dans votre intérêt, comme dans le mien, je crois sage de faire un peu plus ample connaissance.

MARIETTE, très embarrassée.

En effet, monsieur, je... (A part.) Nature calme... très calme... c'est sa toquade!... Je vais m'arranger pour qu'il ne revienne pas.

LA BRICHARDIÈRE, très gracieux.

Et je suis sûr d'avance...

MARIETTE, même jeu.

Oh! moi aussi, monsieur... (S'arrêtant tout à coup.)

Mais... c'est singulier... vous ne sentez pas... une odeur?...

LA BRICHARDIÈRE, ahuri.

Non...

MARIETTE.

On dirait qu'on a fumé ici !

LA BRICHARDIÈRE.

Oh !... mille pardons !... C'est moi qui en venant...

MARIETTE, se levant vivement.

Ah ! ! ! (Elle sonne. Baptiste entre.) Baptiste ! (Avec beaucoup d'agitation.) Ouvrez !... ouvrez tout !

(Baptiste ouvre les fenêtres.)

LA BRICHARDIÈRE, décontenancé.

Comment ?...

MARIETTE, à Baptiste.

C'est bien... allez.

(Baptiste sort.)

LA BRICHARDIÈRE.

Je suis désolé, madame...

MARIETTE, faisant mine de suffoquer.

Vous ne sauriez croire à quel point cette odeur me porte sur les nerfs !... Depuis un instant déjà... vous avez dû le remarquer...

LA BRICHARDIÈRE.

Vous me paraissiez, en effet...

MARIETTE.

Souffrante, n'est-ce pas ?

LA BRICHARDIÈRE.

Gênée, tout au moins. (A part.) Je regrette presque d'être venu.

MARIETTE, d'un air dolent.

Cela vous paraît peut-être ridicule ?

LA BRICHARDIÈRE, avec un geste de politesse banale.

Oh !

MARIETTE.

Mais je n'y puis rien... Je suis très impressionnable ; et il faut peu de chose, malheureusement, pour me jeter dans des crises terribles !

LA BRICHARDIÈRE, inquiet.

Vraiment ?

MARIETTE.

J'en ai eu... la semaine dernière... une qui a duré plus de trois heures !... (La Brichardière, légèrement impatienté, frappe machinalement le parquet avec sa canne, tout en écoutant.) Si j'avais été seule, je me serais brisé la tête contre les meubles ! Et tout cela parce que mon père... (S'interrompant, d'un air agité.) Ah !... je vous en prie... ne remuez pas votre canne comme ça !... Non... ça me... (Comme si elle allait s'évanouir.) Ah !

LA BRICHARDIÈRE, maussade. A part.

C'est une infirmité !

MARIETTE.

Je vous demande pardon... mais, vraiment... je ne me sens pas bien.

LA BRICHARDIÈRE, se levant.

Je me retire donc.

MARIETTE, de plus en plus agitée.

Non... restez !... restez !... Ne me laissez pas seule ! (Tombant à la renverse sur le canapé.) Ah !

LA BRICHARDIÈRE.

Allons, bon ! évanouie ! (Il lui frappe dans les mains.) Madame... revenez à vous ! (Il sonne. Baptiste entre.) Un flacon !.. vite !.. Madame se trouve mal ! (Baptiste, en riant, fait semblant de chercher un flacon.) Passez-moi la carafe... un verre...

(Prenant le verre et la carafe que lui apporte Baptiste.) Merci !... Courez chez le docteur !

BAPTISTE.

Oui, monsieur, j'y cours. (A part.) Je suis déjà revenu. (Il sort par le fond.)

LA BRICHARDIÈRE, essayant de ranimer Mariette.

Madame... (Mariette fait un léger mouvement.) Ah !... elle ouvre les yeux !... Remettez-vous, chère madame !... (Lui présentant un verre d'eau.) et buvez... quelques gouttes seulement.

MARIETTE, paraissant très surexcitée.

Je ne veux pas boire !... Laissez-moi tranquille !

LA BRICHARDIÈRE.

Je...

MARIETTE, même jeu.

Mais laissez-moi donc tranquille ! (Elle lui fait sauter le verre des mains, et l'éclabousse en pleine figure.)

LA BRICHARDIÈRE, s'essuyant.

Oh !! (A part.) Je regrette beaucoup d'être venu !... Mais je ne puis vraiment la quitter dans un tel état ! (Haut, très doucement.) Chère madame...

MARIETTE, se levant, avec violence.

Mais qu'est-ce que vous me voulez donc ?... Me tuer, n'est-ce pas ?... Dites-le !... Vous voyez que je souffre, et vous me fatiguez depuis une heure !...

LA BRICHARDIÈRE.

Mais...

MARIETTE, même jeu.

Mais, je ne vous connais pas, enfin !... et c'est du dernier ridicule de venir s'implanter ainsi chez les gens !

LA BRICHARDIÈRE, tout à fait décontenancé.

Je croyais...

MARIETTE.

Vous avez eu tort de croire !

LA BRICHARDIÈRE.

Si j'avais su !...

MARIETTE.

Il fallait savoir !

LA BRICHARDIÈRE, saluant.

Je me retire, madame.

MARIETTE, au comble de l'agitation.

Et surtout ne revenez pas !... ne revenez pas ! (Tombant comme évanouie encore sur le canapé.) Ah !

LA BRICHARDIÈRE, à part.

Encore ! (Après un moment d'hésitation.) Ah ! ma foi ! qu'elle s'en tire comme elle pourra ! (Il sort par le fond.)

SCÈNE VII.

MARIETTE, puis BAPTISTE, puis CATHERINE.

MARIETTE, courant à la fenêtre.

Parti ?... Oui !... la grille se referme. (Descendant.) Ouf !

BAPTISTE, rentrant par le fond.

Bravo, Mariette ! Une duchesse n'aurait pas mieux fait ; et ce monsieur s'y est laissé prendre.

MARIETTE.

Pour mon malheur !

BAPTISTE.

Bah !

MARIETTE.

S'il revoit madame, je suis perdue !

CATHERINE, paraissant à droite, vivement.

V'là Monsieur Marconnet ! (Elle disparaît.)

MARIETTE.

Ah !

BAPTISTE, à la fenêtre.

Et madame !

MARIETTE.

Je n'ai que le temps de me déshabiller ! (Elle sort en courant par la gauche, Baptiste sort par la droite. Au même instant, Marconnet et Suzanne entrent par le fond.)

SCÈNE VIII.

MARCONNET, SUZANNE, par instants, MARIETTE et BAPTISTE.

MARCONNET.

Après tout, cela ne t'engage à rien, ma chère enfant ; et j'aurais été désolé que nous fissions une telle injure à ce pauvre La Brichardière.

SUZANNE.

Mais il est bien entendu, n'est-ce pas ? que cette visite sera la première et la dernière.

MARCONNET.

Bien entendu.

SUZANNE.

Je n'ai cédé qu'à cette condition.

MARCONNET.

Et je ferai en sorte que La Brichardière ne revienne pas ;... si, du moins, tu persistes dans ton refus.

SUZANNE.

Oh ! quant à cela...!

MARCONNET.

N'en jure pas. Quand tu le connaîtras..... Mais, j'y pense, il devrait être arrivé depuis longtemps. Pourvu qu'il ne soit pas reparti. (Il sonne.) Je serais désolé...

MARIETTE, entrant par la gauche.

Madame ?

SUZANNE.

Il n'est venu personne en notre absence ?

MARIETTE, avec aplomb.

Personne, madame.

SUZANNE.

Bien ; allez.

(Mariette sort par la droite.)

MARCONNET.

Voilà qui est étrange ! La Brichardière est d'une exactitude scrupuleuse.

SUZANNE.

Il a peut-être compris, — un peu tard, — ce qu'il y aurait d'inconvenant à venir ainsi, à brûle-pourpoint, ne me connaissant pas.....

MARCONNET.

Il aurait écrit.

BAPTISTE, paraissant au fond.

Une lettre pour monsieur.

MARCONNET, prenant la lettre.

Donnez. Merci.

(Baptiste sort.)

SUZANNE.

Voyons un peu le style de votre protégé.

MARCONNET, lisant.

« Monsieur, lorsque vous m'avez fait l'honneur de m'entretenir d'un projet d'alliance, qui ne pouvait que me flatter, j'ai cru, en faisant aussi large que possible la part de l'aveuglement paternel...

SUZANNE, froissée.

Aveuglement n'est pas poli !

MARCONNET, continuant avec une surprise toujours croissante.

«... paternel, que vous aviez mûrement pesé le pour et le contre, avant de m'engager avec vous dans une équipée désagréable pour tous deux.

SUZANNE.

Equipée !

MARCONNET, continuant.

«... Si honorable qu'il soit de figurer dans le Bottin, je n'aime pas qu'on y cherche mon nom ;... » (Parlé.) Qu'est-ce que ça veut dire ?

SUZANNE.

Je ne m'en doute pas.

MARCONNET, lisant.

«... Et quoique assez bon cavalier, il y a des cas où les chevaux de Mecklembourg me sont on ne peut plus désagréables !... » (Parlé.) C'est trop fort !

SUZANNE.

Continuez donc.

MARCONNET, lisant.

« J'aime à fumer un cigare de temps en temps, à remuer ma canne quand bon me semble, et à ne boire d'eau que quand j'ai grand'soif. Vous ne vous étonnerez donc pas que j'en reste là, et n'aspire à rien plus qu'à me dire votre bien dévoué serviteur. De La Brichardière. » (Parlé.) Y comprends-tu quelque chose ?

SUZANNE.

Absolument rien ;... sinon que votre de La Brichardière est un malappris, ou un fou !

MARCONNET.

Cela demande explication en tout cas.

SUZANNE.

Pour vous peut-être, mais pour moi...

MARCONNET, appelant.

Baptiste ! (Il s'assied à la table de gauche et écrit. Baptiste entre.)

SUZANNE.

Je désire n'entendre plus parler de ce monsieur ni de sa correspondance. (Elle sort par la gauche.)

MARCONNET, à Baptiste.

Vous allez monter à cheval ; vous irez grand train à Saint-Sauveur... Vous savez où c'est ?

BAPTISTE.

Oui, monsieur.

MARCONNET.

Vous demanderez M. de La Brichardière, et vous lui remettrez ceci. (Il lui donne la lettre qu'il vient d'écrire. Baptiste sort par le fond.) Nous verrons bien s'il est fou... et ce qu'il répondra. Ma lettre est formelle... (La Brichardière entre par le fond.)

SCÈNE IX.

MARCONNET, LA BRICHARDIÈRE, puis SUZANNE, puis MARIETTE.

MARCONNET, apercevant La Brichardière.

Ah !... J'envoyais chez vous. (D'un ton un peu sec.) Expliquez-moi, je vous prie...

LA BRICHARDIÈRE, très tranquillement.

C'est pour cela que je reviens. Je ne me hâte jamais d'habitude, vous le savez, mon cher monsieur Marconnet; et, cette fois, par extraordinaire, je n'ai pas réfléchi suffisamment avant d'agir... Ma lettre est conçue en termes un peu vifs...

MARCONNET.

Incompréhensibles serait plus juste.... Que signifient le Bottin, les chevaux de Mecklembourg?..

LA BRICHARDIÈRE.

Je crois avoir été clair... trop clair même !

MARCONNET.

Et le cigare?... et la canne? et l'eau quand vous avez grand'soif?

LA BRICHARDIÈRE.

Mme de Lirac vous donnera l'explication de tout cela.

MARCONNET.

Ma fille?... Mais, ma fille, monsieur...

LA BRICHARDIÈRE.

Serait-elle encore souffrante?

MARCONNET, abasourdi.

Souffrante?

LA BRICHARDIÈRE.

La crise n'est pas finie?

MARCONNET.

Quelle crise?... Expliquez-vous ! c'est une charade que nous jouons là !

LA BRICHARDIÈRE.

Mme votre fille, que j'ai eu l'honneur de voir tout à l'heure...

MARCONNET.

Tout à l'heure !... Où cela?

LA BRICHARDIÈRE.

Mais, ici même.

MARCONNET.

Vous avez vu ma fille ! ici ! tout à l'heure !... Ah ! par exemple ! (A Suzanne, qui entre par la gauche.) Ma chère enfant, M. de La Brichardière, que j'ai l'honneur de te présenter, prétend...

LA BRICHARDIÈRE, stupéfait, vivement.

Permettez, permettez, mon cher ami,... madame est...?

MARCONNET.

Madame veuve de Lirac, ma fille.

LA BRICHARDIÈRE.

Mais ce n'est pas madame que j'ai vue !... Madame n'est pour rien dans le Bottin et dans le verre d'eau.

MARCONNET.

Ça, décidément, oui ou non, vous êtes venu ici tout à l'heure.

LA BRICHARDIÈRE.

Oui !

MARCONNET.

Vous y avez vu une dame ?

LA BRICHARDIÈRE.

Oui... une dame un peu brouillée avec la grammaire et les convenances, qui m'a...

MARIETTE, entrant par la droite.

Madame...

LA BRICHARDIÈRE, la reconnaissant.

Ah !

MARIETTE, même jeu.

Ah ! (Tombant à genoux devant Suzanne.) Ne me chassez pas, madame ! Pardonnez-moi !

MARCONNET.

Comment, Mariette...?

MARIETTE.

J'avais mis... par curiosité... une des robes de madame... Monsieur est entré.... J'ai perdu la tête...

SUZANNE, sévèrement.

Cela suffit!... Sortez! (Mariette sort par la droite. A La Brichardière.) Et c'est à ma femme de chambre, monsieur, que vous avez... (Éclatant de rire.) Ah! ah! ah! c'est trop drôle! (Riant toujours.) Et vous avez pu vous tromper à ce point!

LA BRICHARDIÈRE, humblement.

Vous m'en voyez si confus, madame...

SUZANNE.

Que je suis obligée de vous le pardonner.

LA BRICHARDIÈRE.

Si je pouvais espérer que ce pardon... plus tard...

SUZANNE.

Oh! quant à cela, monsieur,... nous verrons! (Elle sort par la gauche.)

MARCONNET, à La Brichardière.

Mon cher ami, quand une femme dit : Nous verrons, cela veut dire, dans toutes les langues possibles, que c'est vu.

DIRE ET FAIRE SONT DEUX

PERSONNAGES.

COLINET, cinquante ans.
Mme LATOURNELLE, sa belle-sœur, quarante-cinq ans.
EMMA, fille de Mme Latournelle, dix-huit ans.
MARIANNE, femme de chambre, vingt ans.

DIRE ET FAIRE SONT DEUX

Un salon bourgeois confortable, mais sans grand luxe. Porte au fond ; portes latérales. A gauche, une table bureau. A droite, cheminée, canapé, fauteuils. Au fond, à gauche, devant un placard ouvert, un guéridon chargé de linge.

SCÈNE PREMIÈRE.

MADAME LATOURNELLE, EMMA, MARIANNE.

Au lever du rideau, madame Latournelle et Marianne sont occupées, au fond, à ranger le linge. Emma, assise à droite, travaille.

MADAME LATOURNELLE.

Dépêchons-nous, Marianne, de compter ce linge... Vous y êtes ?

MARIANNE.

Oui, madame.

MADAME LATOURNELLE, le livre de blanchissage à la main.

Six chemises brodées.

MARIANNE.

Les v'là.

MADAME LATOURNELLE.

Six taies d'oreiller.

MARIANNE.

Les v'là.

MADAME LATOURNELLE.

Douze serviettes damassées... douze unies, vingt-quatre torchons.

MARIANNE.

Manque trois serviettes, madame.

MADAME LATOURNELLE.

Damassées ?

MARIANNE.

Oui... et il y a deux torchons en trop, qui ne sont pas à nous.

MADAME LATOURNELLE.

Cette blanchisseuse est insupportable !

MARIANNE.

Si monsieur était là, il ne manquerait pas de dire que c'est la loterie qui lui tourne la tête.

MADAME LATOURNELLE.

Et nous en aurions pour une demi-heure à l'entendre moraliser, gronder et se battre contre des moulins à vent !... Tout lui est prétexte maintenant pour sermonner à mon cher beau-frère !

MARIANNE.

La loterie surtout, madame..... Oh ! il en a gros contre elle !

EMMA.

Et pourquoi ? Je vous le demande !... Une œuvre de bienfaisance au profit des invalides du travail.

MARIANNE, en riant.

Il prétend que ces invalides-là se portent mieux que lui.

MADAME LATOURNELLE.

Oui... oui... je connais l'antienne. (Avec emphase.) « On démoralise le peuple par l'appât d'un gain sans labeur ! La bienfaisance n'est qu'un prétexte... etc... » Ce qui ne l'a pas empêché de prendre pour lui cinquante billets...

EMMA.

Et de nous en donner...

MADAME LATOURNELLE, vivement.

Deux, tout juste !

EMMA.

Et un à Marianne.

MADAME LATOURNELLE.

Trois, en tout !... et c'est tout au plus s'il ne nous les reproche pas.

MARIANNE.

Oh ! quant à ça... Si nous gagnions le gros lot par hasard...

EMMA, gaiement.

Ne comptez pas là-dessus, ma pauvre Marianne.

MARIANNE.

Et pourquoi pas, mam'selle ?... Ça nous peut venir tout comme à d'autres !... Cent mille francs !... Oh ! si je gagnais ça !... J'épouserais M. Jean, le valet de chambre du premier, qui a des économies ;... et nous irions vivre à la campagne...

EMMA, en riant.

Où vous vous ennuieriez au bout de six mois.

MADAME LATOURNELLE.

Mais vous n'en ferez pas l'expérience, ma fille... L'eau va toujours à la rivière ; et M. Colinet a plus de chances que nous.

MARIANNE.

Parce qu'il a plus de billets.

MADAME LATOURNELLE.

Non ; parce qu'il est riche ;... et que nous ne le sommes pas !... Tout est en ordre ?

MARIANNE.

Oui, madame.

MADAME LATOURNELLE, fermant le placard.

Eh bien, occupez-vous du dîner... Ne salez pas trop le potage ; et ne brûlez pas le gigot !

EMMA, en riant.

Cela retomberait sur « les invalides du travail » !

(Marianne sort par le fond.)

SCÈNE II.

MADAME LATOURNELLE, EMMA.

MADAME LATOURNELLE.

Riches ! Hélas, non, nous ne le sommes pas !

EMMA.

Qu'importe !... Nous ne manquons de rien ; nous vivons...

MADAME LATOURNELLE.

... Aux crochets de mon beau-frère !

EMMA, d'un ton de reproche.

Oh, maman !

MADAME LATOURNELLE.

Hé ! n'est-ce pas le vrai mot, ma pauvre enfant ?... Il nous a recueillies !... Sans lui, nous étions sur le pavé ! Ce n'était pas avec les trois cents francs de ma pension que nous pouvions vivre ;... et ce ne sont pas ces trois cents francs-là qui payent ici nourriture, entretien, logement... et le reste !

EMMA.

Il ne nous l'a jamais reproché.

MADAME LATOURNELLE, très vivement et avec force.

Oh ! si pareille chose lui arrivait, nous ne resterions pas vingt-quatre heures !... Nos malles seraient bientôt faites !

EMMA.

Il ne nous le reprochera pas.

MADAME LATOURNELLE.

Je l'espère ;... quoique, déjà, il me l'ait fait sentir un peu plus que de raison.

EMMA.

Vous l'avez cru ; mais je suis sûre qu'il n'y songeait pas.

MADAME LATOURNELLE.

Oh ! sache-le bien, il y a, sous ses apparences de bonhomie plus d'égoïsme que de vraie bonté. Il a fait beaucoup pour nous ; mais par crainte du qu'en-dira-t-on. Il ne pouvait pas décemment laisser dehors la femme et la fille de son frère.

EMMA.

Vous le jugez mal. Il nous aime...

MADAME LATOURNELLE.

Par habitude.

EMMA.

Et nous garde près de lui.....

MADAME LATOURNELLE.

Parce qu'il ne peut pas faire autrement.

EMMA.

Oh, mère !

MADAME LATOURNELLE.

Et j'en suis si profondément persuadée, que, si ce n'était pour toi, j'aurais depuis longtemps cherché gîte ailleurs.

EMMA.

Si ce n'était pour moi ?... Mais...

MADAME LATOURNELLE.

Je n'ai pas le droit, ma pauvre chère enfant, de te condamner à la misère maintenant et à la solitude plus tard. Tu n'as de chances d'avenir que par lui, de dot à espérer que de lui ; et, pour toi, je me résignerai... jusqu'au jour où il m'aura rendu la résignation même impossible.

EMMA.

Mais encore une fois, maman, vous vous trompez ! C'est se monter la tête à plaisir ! Mon oncle est un brave et excellent homme, que vous aimez... ne dites pas non...

MADAME LATOURNELLE.

Moi !

EMMA.

Plus que vous ne croyez... et que j'aime, moi, de tout mon cœur.

MADAME LATOURNELLE.

Tu as dix-huit ans ; tu ne vois des choses que le beau côté.

EMMA.

Cela ne vaut-il pas mieux ?

MADAME LATOURNELLE.

Oh ! ma chère enfant, oui, sans hésiter, mille fois

oui!... Mais arrivée à mon âge, on a les yeux trop grands ouverts, et l'on en souffre!

EMMA.

Allons, maman, allons...

MADAME LATOURNELLE, avec force.

Ah! si nous gagnions le gros lot!

(Colinet entre par le fond.)

SCÈNE III.

MADAME LATOURNELLE, EMMA, COLINET,
puis MARIANNE.

COLINET, qui a entendu les derniers mots.

J'en étais sûr!... On ne peut faire un pas aujourd'hui sans entendre ce refrain : Si je gagnais le gros lot !

EMMA.

Mais si l'on a pris des billets, mon oncle, c'est dans l'espérance de gagner.

COLINET.

Tandis qu'on n'en aurait dû prendre que dans l'intention de venir en aide aux invalides du travail.

MADAME LATOURNELLE, ironiquement.

Et c'est dans cette seule intention que vous en avez pris?

COLINET.

Oui, ma chère belle-sœur. Et cela est si vrai, que je n'ai même pas acheté la liste; — incomplète encore, il est vrai, — des numéros sortis.

EMMA.

Le tirage est commencé?

COLINET.

Il doit être fini à l'heure qu'il est. Vous voyez que cela ne m'émeut guère.

MADAME LATOURNELLE.

Je n'en suis pas plus malade que vous. Mais, ayant dans ma poche un billet, — que je dois à votre générosité, — je trouve tout naturel de dire : « Si je gagnais le gros lot. »

COLINET.

Et qu'en feriez-vous, voyons ?

MADAME LATOURNELLE.

Je l'emploierais de mon mieux.

COLINET.

Mais encore ?

MADAME LATOURNELLE.

Je doterais ma fille; et je placerais le reste en terres ou en immeubles !

COLINET, levant les bras au ciel.

J'en étais sûr !

MADAME LATOURNELLE.

Y a-t-il là de quoi lever les bras au ciel?

COLINET.

Oui, hélas, oui ! Et je regrette de n'en avoir que deux.

EMMA.

Pourquoi ça, mon oncle?

COLINET.

Parce que, ma nièce, j'ai posé, depuis hier, cette même question à plus de vingt personnes, et que toutes, sans exception, toutes m'ont répondu : « J'achèterai ceci, j'achèterai ça »; pas une : « Je donnerai ceci, je donnerai ça ! »

MADAME LATOURNELLE.

On ne peut cependant pas pousser l'abnégation jusqu'à s'oublier complètement.

COLINET.

Complètement, non. Mais on pourrait faire un peu moins large la part de l'égoïsme...

MADAME LATOURNELLE, interrompant.

Avez-vous régalé de ce beau sermon tous ceux que vous interrogiez ?

COLINET.

A quoi bon prêcher dans le désert, et parler pour ne convertir personne ?

MADAME LATOURNELLE.

Eh bien, voulez-vous me permettre de vous interroger à mon tour ?

COLINET.

Comme il vous plaira.

MADAME LATOURNELLE.

Et de vous demander, si vous le gagniez ce gros lot, ce que vous en feriez ?

COLINET.

Le gros lot de cent mille francs ?

MADAME LATOURNELLE.

Il n'y en a qu'un.

COLINET.

Si je le gagnais ?

MADAME LATOURNELLE.

Oui.

COLINET.

Eh bien, ma chère amie, je m'efforcerais de faire des heureux autour de moi.

MARIANNE, qui vient d'entrer par le fond un journal à la main.

Monsieur ne m'oublierait pas?

COLINET.

Marianne, je vous ferais trois cents francs de rente viagère.

MARIANNE, toute joyeuse.

Oh! monsieur!... Trois cents francs de rente?... J'épouserais Jean tout de suite!

COLINET.

Et vous nous quitteriez?

MARIANNE, vivement.

Oh! non, monsieur! (Tranquillement.) Pas avant que vous ayez trouvé à me remplacer.

COLINET, sentencieusement.

Voilà le fond de la nature humaine, madame Latournelle!

MARIANNE, qui lui présentait le journal au même instant.

Non, monsieur, c'est le journal du soir... la liste doit être dessus.

COLINET, jetant le journal sur la table.

Nous avons le temps!... Occupez-vous de votre cuisine; cela vaudra mieux.

(Marianne sort.)

EMMA, en riant.

Et à moi, mon oncle, que me donneriez-vous?

COLINET.

Une dot convenable, ma petite Emma.... quarante mille francs.

MADAME LATOURNELLE, en souriant.

Prenez garde! A ce compte-là, il ne vous restera rien pour les autres.

COLINET.

Les autres?

MADAME LATOURNELLE.

Le cousin Vignaud... la cousine Leblanc... ses deux filles...

COLINET.

Vignaud n'est pas riche, c'est vrai... une dizaine de mille francs ne seraient pas de trop... La cousine Leblanc est une brave femme très digne d'intérêt... dix mille; pareille somme à chacune de ses filles!...

(Emma, assise à droite, prend le journal et le déplie.)

MADAME LATOURNELLE, à Colinet.

Tout cela ne fait pas loin de quatre-vingt-dix mille; resterait une part de dix mille francs.

COLINET.

Que je garderais, madame Latournelle.

MADAME LATOURNELLE.

C'est bien heureux!

COLINET.

Que je garderais pour acheter l'enclave de mon petit domaine du Marga.

EMMA.

Quels numéros avez-vous, mon oncle?

COLINET.

90 745 à 90 795.

EMMA, se levant vivement.

90 745!... Vous êtes sûr?

COLINET.

Parbleu!

EMMA, lui présentant le journal.

Eh bien, regardez!... là! le premier numéro sorti!

COLINET, bondissant.

90 745!... Ah! par exemple!

EMMA, joyeuse.

Vous avez gagné !

MADAME LATOURNELLE, même jeu.

Pas possible ! (Prenant le journal.) C'est ma foi vrai ! (Regardant avec plus d'attention.) Est-ce 45 ou 43 qu'il y a là ?

EMMA, sans regarder.

45, maman.

COLINET, même jeu.

45, sans aucun doute. (Appelant.) Marianne ! (Marianne entre.) Montez deux bouteilles de vieux bordeaux pour le dîner.

MADAME LATOURNELLE.

Monsieur a gagné le gros lot !

MARIANNE.

Ah ! quel bonheur !... Trois cents francs de rente !... quel bonheur ! (Elle sort en battant des mains.)

MADAME LATOURNELLE, à Colinet.

Je suis bien heureuse, mon ami, que le sort vous ait favorisé.

EMMA.

Et je vous remercie, mon oncle...

COLINET, avec bonhomie.

Ta... ta... ta..., nous en reparlerons.

MADAME LATOURNELLE, à Emma.

Il faut annoncer cette bonne nouvelle à Mme Leblanc.

COLINET.

Et à ce pauvre cousin Vignaud.

MADAME LATOURNELLE.

Viens, mon enfant, viens. (Bas.) Tu avais raison ; je le jugeais mal ; et c'est vraiment un excellent homme ! (Elle sort avec Emma par la droite.)

SCÈNE IV.

COLINET, seul.

Je gagne 100 000 francs !... J'en suis... c'est naturel, après tout ; une pareille surprise ne va pas sans quelque émotion..... agréable..... Hé ! mon Dieu, oui ; pourquoi ne pas me l'avouer ? Je suis bien aise d'avoir gagné !... J'en suis heureux... pour ceux d'abord qui vont prendre leur part de cette aubaine... et pour moi-même !... Il y a longtemps que j'ai envie de ce morceau de terre... C'est peu de chose ; mais mon bien sera d'un seul tenant ;... et ça ne m'aura pas coûté cher... Il n'y a pas là plus de huit ou neuf arpents... je crois. Il est vrai qu'on me tiendra peut-être la dragée haute... Maître Griffonneau m'en a touché quelques mots dans une de ses dernières lettres. (Cherchant sur son bureau.) Voyons... voyons donc ! (Trouvant la lettre.) Ah ! (Lisant.) « Cher Monsieur, vous avez eu tort de laisser trop voir combien vous teniez à cette enclave. » (Parlé.) J'ai eu tort, c'est vrai ! (Lisant.) « Vous risquez de la payer un bon tiers de plus qu'elle ne vaut. » (Parlé.) Diable ! (Lisant.) Et je crois, comme j'ai eu l'honneur de vous le dire, que vous auriez avantage à prendre du même coup la ferme du Rû, dont elle dépend. Ce sont de bonnes terres, qui vous rapporteraient trois et demi, si pas plus ; car j'ai lieu de croire que le tout ne vous reviendrait pas à plus de soixante-dix mille francs. Croyez-moi... » (Fermant la lettre.) Hé parbleu, je le sais bien qu'il a raison !... Mais soixante-dix mille francs !... Il est vrai que j'en gagne cent mille ! (Une pause.) Mais, si j'en prends plus des deux tiers, il va falloir rogner les parts. (Une pause.) Après tout, je ne dois rien à la cousine Leblanc... ni au cousin Vignaud !... Il me semble qu'un billet de mille francs à chacun..... Pour eux ce serait toujours autant de trouvé !... (Une pause.) Reste la dot d'Emma..... C'est une bonne petite fille ;... je l'aime bien ! Mais quarante mille francs ?... Elle n'est que ma nièce ;... et franchement, je ne puis pas laisser échapper une occasion...

(Marianne entre par le fond.)

SCÈNE V.

MARIANNE, COLINET.

MARIANNE, l'air tout joyeux.

Ah ! monsieur !

COLINET, avec impatience.

Eh bien ; quoi ? Qu'est-ce ? qu'y a-t-il ?

MARIANNE.

Ça en fait une révolution dans la maison, vos cent mille francs !

COLINET.

Comment !... Vous êtes donc allée dire... ?

MARIANNE.

Eh ! bien sûr.

COLINET.

Vous avez eu tort.

MARIANNE.

Pourquoi ça, monsieur ?

COLINET, avec une nuance d'embarras.

Mais, parce que, d'abord... avant tout, mes affaires

ne regardent que moi ;... parce que... ensuite... je ne les tiens pas encore ces cent mille francs... Il n'est pas absolument sûr que j'aie gagné.

MARIANNE.

Puisque c'est sur le journal.

COLINET.

Avec un chiffre douteux.

MARIANNE.

Oh! que non, monsieur... Nous y avons tous regardé.

COLINET.

N'importe!... Tant que je n'aurai pas vu la liste officielle...

MARIANNE.

J'irai vous la chercher tout à l'heure, monsieur!... Mais pour sûr, ça y est! Et tout le monde a été bien content dans la maison!... « Un si brave homme! » qu'on disait. Ah! tout le monde vous aime joliment, allez!

COLINET, avec bonhomie.

C'est tout simple; je n'ai jamais fait de mal à personne.

MARIANNE.

Monsieur Jean, surtout, le valet de chambre du premier... Il voulait monter vous embrasser!

COLINET.

M'embrasser!

MARIANNE.

Dame!... vous comprenez... quand il a su la chose, ça l'a suffoqué d'abord. Il était comme fou!... A quand la noce? qu'il m'a dit. J'ai répondu : « Nous verrons ça, monsieur Jean. » Ça l'a calmé.

COLINET.

Ah ! ah !... vous avez réfléchi, Marianne?

MARIANNE.

Dame... oui... M. Jean n'a guère plus de douze ou quinze cents francs d'économies... en tout. Et, vous comprenez... je peux trouver mieux.

COLINET.

Hé, hé... quinze cents francs, c'est une somme !

MARIANNE.

Oui, monsieur ; mais trois cents francs de rente, c'est quelque chose !

COLINET, d'un air étonné.

Vous avez trois cents francs de rente, Marianne?

MARIANNE.

Bien sûr !... puisque vous me les avez promis !

COLINET.

Moi?

MARIANNE.

Dame !... Je l'ai bien entendu !

COLINET.

Trois cents francs?

MARIANNE.

Oui, monsieur.

COLINET.

De rente?

MARIANNE.

Oui, monsieur.

COLINET.

Oh !... Marianne... que je vous aie promis trois cents francs... soit. Mais de rente !... de deux choses l'une, ou vous avez mal entendu, ou je me suis mal expliqué.

MARIANNE, furieuse.

Ah ben !

COLINET.

Songez donc que trois cents francs de rente, cela représente aujourd'hui plus de six mille francs?

MARIANNE, insolemment.

Et monsieur trouve que c'est trop !

COLINET.

Je ne puis pas vous donner tout et ne rien donner aux autres.

MARIANNE.

Si vous leur tenez parole comme à moi, ce qu'ils emporteront ne pèsera pas lourd.

COLINET.

Qu'est-ce à dire, et que signifie un pareil ton ?

MARIANNE.

Ah ! ma foi, ça signifie que quand on promet, on tient...

COLINET, sévèrement.

Marianne !

MARIANNE, ironiquement.

Mais j'ai tort, c'est vrai... je n'aurais pas dû m'y laisser prendre. M'en avez-vous assez promis comme ça, depuis quatre ans, des cadeaux qui ne sont jamais venus !... La besogne... oh ! c'est différent... c'est toujours venu, ça !... Vous n'y regardez pas !

COLINET.

Et vous y regardez un peu trop.

MARIANNE.

C'est-à-dire que je ne fais rien?

COLINET.

Ou pas grand'chose.

MARIANNE.

Si monsieur n'est pas content de mon service, il n'a qu'à le dire!

COLINET.

Il me semble que je le dis.

MARIANNE, détachant son tablier.

V'là mon tablier, monsieur! (Ironiquement.) Ne le perdez pas! Y a trois cents francs de rente dedans! (Elle sort par le fond.)

SCÈNE VI.

COLINET, seul, puis MADAME LATOURNELLE et EMMA.

COLINET, furieux.

Impertinente!... Voilà ce que l'on gagne à trop de bonté!... Ces gens-là sont tous les mêmes!... ceux-là, comme les autres! Car, c'est triste à dire, mais c'est vrai : faire du bien, c'est semer de l'ingratitude!

(Madame Latournelle et Emma entrent par la droite.)

MADAME LATOURNELLE.

Ah! mon ami, quelle joie demain quand ils recevront nos lettres!

COLINET.

Ils?... Qui ça... ils?

MADAME LATOURNELLE.

Le cousin Vignaud.

EMMA.

La cousine Leblanc.

COLINET.

Vous leur avez écrit?

MADAME LATOURNELLE, étonnée.

Mais... sans doute.

COLINET.

Vous auriez pu vous presser moins !

MADAME LATOURNELLE.

Mais...

COLINET.

Vous n'avez pas réfléchi !... C'est en quelque sorte m'engager.

MADAME LATOURNELLE.

Il n'y a pas grand mal, puisque votre intention...

COLINET, avec embarras.

Mon intention... oui, sans doute... mais on ne fait pas toujours ce que l'on veut.

EMMA.

Comment !

COLINET.

Ou du moins, tout ce que l'on veut... Je ne dois rien à Mme Leblanc... je ne dois rien au cousin Vignaud... Je les ai depuis longtemps perdus de vue ; et, avant de songer à eux, il est tout simple, n'est-ce pas, que je songe...

MADAME LATOURNELLE, vivement.

A nous ?... ah ! mon ami, je serais désolée que votre affection pour ma fille et pour moi vous empêchât de leur venir en aide.

COLINET.

Oh ! je leur viendrai en aide... certainement !... mais dans les limites du possible. Quand j'aurai, sur les cent mille francs que je gagne, prélevé le prix de la ferme du Rû...

MADAME LATOURNELLE, vivement.

Vous achetez la ferme du Rû?

COLINET.

Sans doute. Je vous l'ai dit tout à l'heure.

MADAME LATOURNELLE.

Il n'était question tout à l'heure que de l'enclave.

COLINET.

L'enclave tient à la ferme... on ne donnera pas l'une sans l'autre.

MADAME LATOURNELLE.

Et vous payerez le tout?

COLINET.

Je n'en sais rien encore.

MADAME LATOURNELLE.

Cela vaut, au bas mot, soixante mille francs.

COLINET.

Dans ces chiffres-là... oui.

MADAME LATOURNELLE.

Vous ne comptez donc plus faire que deux parts? une pour la ferme, une pour la dot?

COLINET.

La dot?... Mais... Emma ne se marie pas encore. Elle n'a que dix-huit ans; nous avons du temps devant nous, et avant de songer à la dot, il faudrait trouver un mari.

MADAME LATOURNELLE.

Il est tout trouvé, vous le savez bien.

COLINET.

Et c'est.

MADAME LATOURNELLE.

M. Pierre Jacquelin...?

COLINET.

Le fils : Jacquelin, l'ancien entrepreneur?

MADAME LATOURNELLE.

Lui-même.

COLINET.

Mais, ils sont très riches, les Jacquelin !

MADAME LATOURNELLE.

Précisément. C'était là le seul obstacle. Mais tout marche à souhait maintenant. Ma fille apporte moins qu'eux, c'est vrai ; mais elle apporte quelque chose, grâce à vous...

COLINET, avec embarras.

Quelque chose... oui ; mais je ne puis pas encore fixer le chiffre.

MADAME LATOURNELLE.

Vous l'avez fixé vous-même tout à l'heure !

COLINET.

Ah ! madame Latournelle... pardon...

MADAME LATOURNELLLE, s'échauffant.

Vous l'avez dit à Emma, — devant moi, — quarante mille francs.

EMMA.

Ah ! vous l'avez dit, mon oncle ! quarante mille !

COLINET.

Oui... mais, plus tard !... en ajoutant à ses petites économies personnelles ce que je pourrai lui donner sur le gain d'aujourd'hui ;... ce que nous pourrons réaliser encore à son profit d'ici là...

MADAME LATOURNELLE, sèchement.

C'est-à-dire que vous tirez votre épingle du jeu !

COLINET, vexé.

Ah ! ma chère belle-sœur !...

MADAME LATOURNELLE, même jeu.

Mon cher beau-frère, nous ne vous demandions rien. Nous acceptions ce qu'il vous plaisait de nous offrir. Vous étiez libre, entièrement libre de ne pas donner votre parole. Mais, l'ayant donnée, vous auriez pu nous épargner l'humiliation de ce refus.

COLINET.

Vous êtes bien chatouilleuse aujourd'hui !... Je ne puis cependant pas...

MADAME LATOURNELLE, aigrement.

Vous ne nous devez rien, c'est vrai !

COLINET, froissé.

Ce qui ne m'a empêché...

MADAME LATOURNELLE, même jeu.

De nous accueillir ; de nous héberger ; de nous prendre à votre charge enfin !

COLINET.

Je ne l'ai jamais regretté ; je ne le regrette pas.

MADAME LATOURNELLE.

A la condition que, de notre côté, nous ayons soin de ne pas l'oublier.

EMMA, essayant de s'interposer.

Mère !

MADAME LATOURNELLE, s'animant de plus en plus.

Ah ! Je le savais bien, ma pauvre enfant, qu'un jour ou l'autre il nous jetterait ses bienfaits au visage !

COLINET.

Où prenez-vous cela ?

MADAME LATOURNELLE, même jeu.

Mais, je te l'ai toujours dit, en pareil cas je ne resterais pas vingt-quatre heures chez lui !

COLINET.
Encore une fois...
MADAME LATOURNELLE.
Pas vingt-quatre heures !
COLINET, perdant patience.
Eh bien, soit !... Si la reconnaissance vous est un fardeau trop lourd à porter,... vous êtes libre... Je ne vous retiens pas.
EMMA, suppliante.
Mon oncle !
MADAME LATOURNELLE.
Viens, ma fille !
EMMA.
Maman, je vous en prie !
MADAME LATOURNELLE.
Viens !... Dans une heure, nous serons parties ! (Elle sort par la droite avec Emma.)

SCÈNE VII.

COLINET, seul, puis MARIANNE.

COLINET, faisant un pas pour retenir sa belle-sœur.
Madame Lat... (Se ravisant.) Eh ! qu'elle s'en aille, après tout, si tel est son bon plaisir !... Je suis las de ces tiraillements continuels ! J'en étais à ne pouvoir plus bouger ou dire un mot sans que ce fût porter atteinte à sa dignité !... Sa dignité !... sa dignité !... On n'accepte rien de personne quand on a la dignité si farouche ! (Avec une émotion involontaire.) Et que vont-elles devenir ? je vous le demande !... Deux femmes seules !

sans fortune !... Mais c'est leur affaire... je m'en lave les mains... j'ai fait mon devoir !... Eh bien, c'est encore sur moi que cela retombera ! C'est à moi qu'on jettera la pierre ! Le monde est ainsi, je ne le changerai pas !

(Marianne entre par le fond.)

MARIANNE, d'un air contrit.

Monsieur...

COLINET.

Ah ! c'est vous, Marianne ?

MARIANNE.

Oui, monsieur ; je n'ai pas voulu m'en aller sans vous dire adieu.

COLINET.

C'est bien... Marianne... adieu.

MARIANNE.

Et sans toucher mes gages.

COLINET, amèrement.

Surtout !

MARIANNE.

Dame !...

COLINET.

C'est trop juste ! (Lui donnant de l'argent.) Tenez.

MARIANNE.

Merci, monsieur. (Lui remettant un papier.) V'là la liste.

COLINET.

C'est bien.

MARIANNE, lui présentant une lettre.

Et une lettre.

COLINET.

Donnez.

MARIANNE.

Adieu, monsieur.

COLINET.

Adieu, Marianne.

MARIANNE, à part.

S'il voulait seulement me donner la moitié, avec cent cinquante francs de rente, je pourrais encore épouser Jean.

COLINET, jetant les yeux sur la lettre qu'il a dépliée.

Ah! mon Dieu!

MARIANNE, à part.

Qu'est-ce qu'il a?

COLINET, désespéré, à part.

Cazaubon et Lebègue en faillite!... Et ils ont à moi plus de cent cinquante mille francs!... les trois quarts de ce que je possède!... Et ils offrent sept pour cent!... (Haut.) Où en serais-je sans cette bienheureuse loterie?

MARIANNE, ironiquement.

Qui démoralise le peuple.

COLINET.

Et qui soulage des pauvres.

MARIANNE.

Des invalides qui se portent mieux que vous!

COLINET.

Oui-da?

MARIANNE.

Dame, c'est vous qui me l'avez dit!

COLINET.

Je ne savais pas que je gagnerais!

MARIANNE.

Aussi vous étiez généreux, Dieu sait!

COLINET.

Bien m'a pris de ne pas céder à ce premier mouvement... je serais sur la paille!

MARIANNE.

Oh, monsieur!...

COLINET.

Sur la paille!... (Montrant la lettre froissée dans sa main.) Ce chiffon de papier m'emporte le double de ce que m'apporte la loterie. La balance n'est pas égale, Marianne! Et si j'avais fait la sottise de donner trop sur ce gain inattendu...

MARIANNE.

Mais comme vous avez tout gardé...

COLINET.

Il serait plus juste de dire que je garderai tout; car je n'ai rien touché encore... (Jetant les yeux sur la liste des numéros sortis.) Ah! mon Dieu!

MARIANNE.

Eh bien, quoi donc, monsieur?

COLINET.

C'est un 3!

MARIANNE.

Mais alors.....?

COLINET.

Rien! Marianne, plus rien!... Ah! voilà un coup dont je ne me relèverai pas! (Il tombe comme évanoui sur le canapé.)

MARIANNE, effrayée, courant à lui.

Monsieur!... monsieur!

COLINET, d'une voix éteinte.

J'étouffe! (Il s'évanouit.)

MARIANNE, criant.

Madame Latournelle!... Mam'selle!... Au secours! V'là monsieur qui se meurt!

SCÈNE VIII.

COLINET, MADAME LATOURNELLE, EMMA, MARIANNE.

MADAME LATOURNELLE, accourant à droite.

Qu'y a-t-il ?

EMMA, voyant Colinet évanoui.

Ah ! mon Dieu !...

MADAME LATOURNELLE.

Vite, Marianne !... de l'eau !... un peu de vinaigre !

EMMA, à Colinet, tout en le soignant.

C'est nous, mon oncle !... nous sommes là, — près de vous !...

MADAME LATOURNELLE, même jeu.

Allons, monsieur Colinet, allons...

MARIANNE.

Le v'là qui revient !

COLINET, reprenant ses sens et regardant autour de lui.

Ah !... madame Latournelle !... Emma !... Merci !... Je me sens mieux ; cela me fait plaisir de vous revoir !

MADAME LATOURNELLE.

Mais que vous est-il arrivé ?

COLINET, d'un air accablé.

C'était un 3 !

MADAME LATOURNELLE.

Ah ! (Avec une nuance d'ironie.) Voilà qui vous met à l'aise pour partager !

COLINET.

Vous frappez un homme à terre, madame Latournelle ! Ce n'est pas bien !... J'ai eu tort ; mais j'en suis puni cruellement !

EMMA, avec émotion.

C'est vrai !

COLINET.

Ah ! maudite loterie ! maudite loterie !

MADAME LATOURNELLE.

Vous n'avez que faire de la maudire, puisque ce n'était pas dans l'espérance de gagner que vous aviez pris des billets.

EMMA, d'un ton de reproche.

Maman !...

COLINET.

Et ce n'est pas le gain que je regrette, madame Latournelle, ce sont mes dernières affections qui m'échappent avec lui.

EMMA, vivement.

Que dites-vous là, mon oncle ?

COLINET, tout triste.

La vérité, ma pauvre enfant ! (A madame Latournelle.) Car je sens bien à l'amertume de vos reproches que vous êtes résolue à me quitter !

MADAME LATOURNELLE, fièrement.

Je n'ai qu'une parole, moi, monsieur Colinet !

COLINET, accablé.

Et je vais rester seul ! vieillir seul !... mourir seul !

MADAME LATOURNELLE.

Vous avez encore du temps devant vous pour trouver de nouveaux amis !

COLINET.

On n'entre guère dans une maison, madame Latournelle, quand c'est la misère qui ouvre la porte !

MADAME LATOURNELLE, ironiquement.

Une misère..... dorée !

COLINET.

Je n'ai plus rien !... ou si peu de chose !...

MADAME LATOURNELLE, étonnée.

Comment... ?

COLINET, lui donnant la lettre.

Lisez !

MADAME LATOURNELLE, après avoir lu.

Ah ! (Lui prenant les mains avec effusion.) Mais que ne le disiez-vous, mon ami ?

COLINET, suffoqué par la joie.

Vous restez... près de moi ?

MADAME LATOURNELLE.

Si je reste ?... Vous voilà presque pauvre, et vous me demandez si je reste !

EMMA, sautant au cou de sa mère et l'embrassant.

Ah ! mère !...

MADAME LATOURNELLE.

Que deviendriez-vous, si nous n'étions là, ma fille et moi, pour vous aimer et vous consoler ?

COLINET, tout ému.

Merci... merci !

MADAME LATOURNELLE.

Que deviendrait votre maison, si nous n'étions là pour la tenir ?

MARIANNE.

Eh bien... et moi ? Je ne compte donc pas ?

COLINET.

Hélas ! ma pauvre Marianne...

MARIANNE.

Bast !... en rognant un peu sur les gages.

EMMA, à Marianne.

Vous serez de la famille !

MADAME LATOURNELLE.

Et nous allons reprendre notre existence d'autrefois, meilleure et plus calme. Nous savons maintenant ce que nous valons, et nous n'aurons pas grand'peine, sûrs que nous sommes les uns des autres, à nous pardonner nos petites faiblesses.

EMMA, gaiement.

La loterie nous aura du moins servi à quelque chose !

COLINET.

Oui... Mais n'importe ; si jamais il en vient une autre.....

EMMA.

Vous ne prendrez pas de billets ?

COLINET.

Pas un !

MADAME LATOURNELLE.

N'en jurez pas, mon ami ; dire et faire sont deux !

QUI AIME L'ARBRE
AIME LA BRANCHE

PERSONNAGES.

Le commandant BROSSARD, soixante ans.
M™ BROSSARD, cinquante ans.
HENRIETTE DURAND, vingt ans.
LOUISE DURAND, dix-huit ans.
MATHURINE, femme de chambre, vingt ans.

QUI AIME L'ARBRE
AIME LA BRANCHE

Un salon à pans coupés. Fenêtres dans les pans coupés. Portes au fond; portes latérales. A gauche, cheminée, canapé, fauteuils, etc.; à droite, un guéridon.

SCÈNE PREMIÈRE.

MADAME BROSSARD, MATHURINE.

Au lever du rideau, madame Brossard est assise à gauche et travaille.

MATHURINE, entrant vivement par la droite.
Madame, v'là qu'il est deux heures !

MADAME BROSSARD, regardant la pendule:
Je le vois bien.

MATHURINE.
J'vas éteindre mon feu ;... sans doute que monsieur aura déjeuné à Sens.

MADAME BROSSARD.
A moins qu'il ne se soit passé de déjeuner.

MATHURINE.
Ah ben, vrai, il s'en donne du mal, le pauv' monsieur !

MADAME BROSSARD, comme à elle-même.

Et pourquoi? je vous le demande!... (Haussant les épaules.) pour faire mettre en liberté ce Pierre Lésinois!

MATHURINE.

Un mauvais gars, un tapageur, un ivrogne!

MADAME BROSSARD, même jeu.

Essayez de faire entendre raison là-dessus à M. le commandant Brossard; il vous répondra: « Le père Lésinois est un si brave homme! »

MATHURINE.

Ça, c'est vrai!... mais le fils...

MADAME BROSSARD, même jeu.

En revanche, il refusera dix francs à Moranget!...

MATHURINE.

Le pauv' garçon!

MADAME BROSSARD, continuant.

Sous prétexte qu'il ne peut pas souffrir la mère Moranget!

MATHURINE.

Oui, pour ça, il est drôle, monsieur! Quand il aime quelqu'un, toute la famille de ce quelqu'un-là en profite. Mais quand il n'aime pas quelqu'un...

MADAME BROSSARD, ironiquement.

Qui aime l'arbre aime la branche, dit-il! A ce compte...

MATHURINE, apercevant Brossard en remontant.

Ah! madame, le v'là!

(Brossard entre par le fond. Il tient deux lettres à la main.)

SCÈNE II.

MADAME BROSSARD, BROSSARD, MATHURINE.

BROSSARD, gaiement.

Bonjour, madame Brossard.

MATHURINE.

Est-ce que monsieur a déjeuné ?

BROSSARD.

Oui, Mathurine ; allez !

(Mathurine sort par la droite.)

MADAME BROSSARD.

Vous paraissez tout guilleret.

BROSSARD.

J'ai réussi ! Lésinois sera mis en liberté.

MADAME BROSSARD, ironiquement.

Je vous en félicite ! Le devoir d'un maire est de conserver à sa commune les vauriens et les polissons qui en font le plus bel ornement !

BROSSARD.

Ah ! madame Brossard, le père Lésinois est un si brave homme !... Un ancien soldat !... Trois congés... comme trompette dans le train des équipages !

MADAME BROSSARD.

Il a fait plus de bruit que de besogne ! (Apercevant les lettres qu'il a dans la main.) Qu'est-ce que vous tenez là ?

BROSSARD.

Vous le voyez... deux lettres... que l'on vient de me donner au bureau de poste.

MADAME BROSSARD, vivement.

Il y en a peut-être une de Georges !... Nous sommes, depuis six semaines, sans nouvelles de lui. (Avec impatience.) Mais regardez-y donc, monsieur; regardez-y!... Le sieur Lésinois n'est pas si intéressant qu'il faille pour lui oublier jusqu'à votre fils !

BROSSARD.

Ah ! permettez.....

MADAME BROSSARD, lui prenant vivement une des lettres

Juste !... c'est de lui !

BROSSARD, se rapprochant.

Voyons ce qu'il nous dit, le brave garçon !

MADAME BROSSARD, ouvrant la lettre, et lisant :

« Cher père, j'ai une grave nouvelle à vous annoncer... »

BROSSARD.

Ah ! mon Dieu !... pourvu qu'il ne lui soit rien arrivé !

MADAME BROSSARD.

Laissez-moi lire, je vous en prie ! (Lisant.) « ... à vous annoncer. Le hasard m'a fait rencontrer un de vos anciens compagnons d'armes, le commandant Durand, du 147ᵉ... »

BROSSARD, vivement.

Lequel Durand ?... Il y en avait deux, les deux frères, Théodore et Théophile... Un brave garçon, Théodore ! (Faisant la grimace.) Quant à Théophile...

MADAME BROSSARD, joyeux.

C'est bon !... Nous verrons cela tout à l'heure. (Lisant.) « ... du 147ᵉ, qui m'a reçu de la façon la plus bienveillante. »

BROSSARD, joyeux.

Ça doit être Théodore !

MADAME BROSSARD, lisant.

« Quoique vous vous soyez, m'a-t-il dit, perdus de vue depuis une quinzaine d'années, il serait déjà parti pour aller vous voir s'il n'était retenu à la chambre par ses rhumatismes. »

BROSSARD, maussade.

Non... c'est Théophile.

MADAME BROSSARD, lisant.

« Mais il se propose de vous écrire pour vous faire part d'un rêve qui sera bientôt une réalité si vous êtes jaloux de mon avenir et de mon bonheur. La fille de M. le commandant Durand...»

BROSSARD, avec impatience.

Lequel ? Ils ont une fille tous les deux !

MADAME BROSSARD, lisant.

« ... est charmante... »

BROSSARD.

C'est la fille de Théodore en ce cas !

MADAME BROSSARD, lisant.

« Elle a toutes les vertus ; et c'est la vraie fille qu'il faut à une mère comme la mienne. Je pourrais vous en écrire long sur ce chapitre ; mais je vous en ai dit assez pour que vous ne me fassiez pas attendre une réponse qui me comblera de joie ou me désolera. » (Pliant la lettre.) Qui le désolera !... Encore faudrait-il savoir...

BROSSARD.

Hé !... Si c'est la fille de Théodore...

MADAME BROSSARD.

Eh bien ?

BROSSARD.

Ça ira tout seul.

MADAME BROSSARD, ironiquement.

Et, de ce que M. le commandant Théodore est un excellent homme, je vous l'accorde, nous concluons que sa fille, — que vous ne connaissez pas.....

BROSSARD.

Moi?... c'est trop fort!... Je suis son parrain! — (A part.) et le parrain de l'autre aussi, du reste.

MADAME BROSSARD, vivement.

Comment s'appelle-t-elle?

BROSSARD, interdit.

Mais..... Henriette, parbleu!... Non ; Louise!... Je me trompe ; Louise, c'est la petite Théophile ;... à moins.....

MADAME BROSSARD.

Avouez donc que vous ne vous en souvenez même plus.

BROSSARD.

Qu'est-ce que ça prouve?

MADAME BROSSARD.

Que vous vous enthousiasmez sans savoir pour qui!... Cette jeune fille est peut-être sotte, laide à faire peur, et désagréable au possible! (Geste de Brossard.) Vous n'en savez pas plus que moi.

BROSSARD.

Et je n'ai pas besoin d'en savoir plus pour l'aimer.

MADAME BROSSARD.

Votre cœur est une auberge en ce cas.

BROSSARD.

Où n'entre pas qui veut, madame Brossard ;... mais où il y aura toujours place pour la fille d'un homme...

MADAME BROSSARD, avec impatience.

C'est bon... c'est bon ! (Changeant de ton.) D'ailleurs ce n'est peut-être pas d'elle qu'il s'agit.

BROSSARD.

C'est juste !... Mais Georges nous annonce une lettre... (Montrant celle qu'il a apportée.) La voici ; nous allons savoir à quoi nous en tenir. (Il ouvre la lettre et lit.) « Mon vieux camarade. » (A part.) C'est de Théodore, ça ! (Lisant.) « Veux-tu me rendre un grand service ? » (Parlé.) Parbleu ! (Lisant.) « Ma fille, que tu n'a pas vue depuis quinze ans et que tu trouveras bien changée... » (Parlé.) Quelle bêtise !... c'est de Théophile ! (Lisant.) «... S'est mis en tête certaines idées qui me désolent. Il n'y a que les conseils de cette excellente Mme Brossard et les tiens qui puissent lui faire entendre raison. En prétextant des raisons de santé, je l'ai décidée à partir. Je te l'envoie. Raisonne-la ; tu es son parrain ; c'est ton droit. Mais garde-la le moins longtemps possible ; je n'ai plus qu'elle. » (Parlé.) Brave cœur !... C'est de Théodore.

MADAME BROSSARD.

Voyez la signature.

BROSSARD, lisant.

Th. Durand. (Parlé.) Th... Th... Ça fait Théophile aussi !... c'est insupportable ! Quand on écrit, on signe !

MADAME BROSSARD.

Est-ce que vous signez : Philogène Brossard ?

BROSSARD.

Non. Je signe : Ph. Brossard.

MADAME BROSSARD.

Eh bien.... ça peut signifier Philippe... Ph...

BROSSARD.

C'est ma foi vrai;.... J'ai tort. Mais enfin, nous ne sommes pas plus avancés que tout à l'heure. Cette lettre est énigmatique en diable!... Ces idées qui la désolent...

MADAME BROSSARD.

En tout cas, cette façon d'agir est familière.

BROSSARD.

Entre vieux amis... (Appelant.) Mathurine! (A Mathurine, qui entre.) Préparez la chambre bleue. Nous attendons une jeune fille... Mlle Durand... Si elle arrivait en notre absence, je vous recommande les plus grands égards.

MATHURINE.

Bien, monsieur. (Remontant.) Ah ! madame, v'là le second coup de vêpres.

MADAME BROSSARD, prenant son chapeau.

Je pars. (Elle sort par le fond.)

BROSSARD.

Moi, je vais faire un bout de toilette. (Il sort par la gauche.)

SCÈNE III.

MATHURINE, puis HENRIETTE.

MATHURINE.

Beaucoup d'égards !... Pour sûr, c'est une personne dont le papa et la maman sont dans les petits papiers de monsieur ! Sans ça, elle aurait toutes les vertus des saints du paradis, que...

HENRIETTE, paraissant au fond.

Monsieur le commandant Brossard, s'il vous plaît?

MATHURINE.

C'est ici, mam'zelle... Et qu'il va être content, le pauvre cher homme !... J'vas lui dire que vous êtes là.

HENRIETTE, très étonnée.

Mais il ne me connaît pas.

MATHURINE.

Oh ! ça n'empêche !... Qui aime l'arbre aime la branche, qu'il dit comme ça... J'vas lui dire que vous êtes là. (Elle sort par la gauche.)

SCÈNE IV.

HENRIETTE, seule.

Cette brave fille se trompe. Il y a là quelque méprise assurément !... M. Brossard ne peut pas m'attendre... Je n'ai fait part de mes projets à personne !... Je n'y comprends rien. (Apercevant Brossard, qui entre par la gauche.) Ah !... tout va s'expliquer sans doute.

SCÈNE V.

HENRIETTE, BROSSARD.

BROSSARD.

Mademoiselle Durand, n'est-ce pas?

HENRIETTE, surprise.

Oui, monsieur... Mais comment se fait-il... ?

BROSSARD.

La fille de mon vieux compagnon d'armes Théodore. (Appuyant.) Théodore Durand ?

HENRIETTE, même jeu.

Du 147°... oui, monsieur.

BROSSARD, à part.

C'est elle ! (Haut.) Dans mes bras, ma chère enfant ; dans mes bras ! (Il l'embrasse.)

HENRIETTE, stupéfaite.

Un pareil accueil...

BROSSARD.

Vous surprend ?

HENRIETTE.

Je l'avoue, monsieur !... J'étais loin de m'attendre...

BROSSARD.

Et pourquoi cela ?

HENRIETTE.

Vous ne me connaissez pas.

BROSSARD.

Et votre père, je ne le connais pas, lui ?... Comment va-t-il ce bon Théodore ?

HENRIETTE.

Aussi bien que possible.

BROSSARD.

Comment... ?

HENRIETTE.

Ah !... il a été pris de bonne heure par les rhumatismes !

BROSSARD, à part.

Par les rhumatismes !... Sapristi !... c'est la fille de Théophile ! (Haut, avec une gêne visible.) Enfin... n'importe... ma chère Louise...

HENRIETTE.

Je m'appelle Henriette, monsieur...

BROSSARD.

Henriette... oui... pardon... Je confondais. (A part.) Henriette !... C'est la fille de Théodore ! (Haut.) Je sais bien votre nom que diable !... J'ai été votre parrain... (A part.) Celui de l'autre, aussi. (Haut.) Et votre excellent père, (Appuyant.) ce brave Théodore...

HENRIETTE.

Il a gardé de vous un bon souvenir.

BROSSARD, à part.

Ça ne peut pas être Théophile ! (Haut.) Je ne l'ai pas oublié de mon côté. Vous êtes sa fille ; c'est vous dire que je vous aime comme si vous étiez la mienne !... Vous êtes ici chez vous.

HENRIETTE.

Je voudrais cependant bien, monsieur...

BROSSARD.

Et d'abord, où sont vos bagages ?

HENRIETTE.

Mais je n'ai rien, monsieur ;... je ne pensais pas...

BROSSARD.

... Rester auprès de nous ?

HENRIETTE.

Comment supposer... ?

BROSSARD.

... Que je vous garderais ?

HENRIETTE.

C'est que je n'ai quitté mon père, monsieur, que pour...

BROSSARD.

Nous arrangerons cela ; je m'en charge.

HENRIETTE, de plus en plus surprise.

Vous êtes vraiment trop bon, monsieur; et je ne sais comment vous remercier d'un tel accueil.

BROSSARD.

Hé! le moyen est bien simple. Aimez-moi un peu; je vous aimerai beaucoup; nous serons quittes... et n'en parlons plus. (La faisant asseoir sur le canapé auprès de lui.) Asseyez-vous et causons.

HENRIETTE, à part.

Est-ce bien à moi que l'on parle?

BROSSARD.

Ainsi donc, il ne bouge plus, ce pauvre ami?... le voilà cloué dans sa chambre... Ah! ce n'est pas gai.

HENRIETTE.

Hélas non!... Et Dieu aurait pu m'épargner ce dernier chagrin.

BROSSARD.

Comment?... Est-ce que.....?

HENRIETTE, tristement.

Ah!... nous avons eu bien des soucis, bien de la peine!... Pauvre père!... Il a bien souvent pleuré pour moi! et c'est pour lui qu'à mon tour, craignant l'avenir...

BROSSARD, vivement.

Nous ferons en sorte que l'avenir vaille mieux que le passé!

HENRIETTE, avec effusion.

Oh! je vous remercie d'avance, monsieur...

BROSSARD.

Et de quoi me remercier, mon enfant?... de vouloir le bonheur de mon fils et le vôtre?

HENRIETTE, vivement.

De votre...?

BROSSARD.

Car vous n'êtes pas sans savoir que j'ai un fils...?

HENRIETTE, vivement.

Monsieur Georges!

BROSSARD.

Vous le connaissez? (A part.) C'est bien elle! (Haut, gaiement.) Ah! vous le connaissez, mon petit Georges!... J'en suis bien aise! Voilà les choses plus avancées que je ne le croyais... Il ne vous déplaît pas, au moins?

HENRIETTE, baissant les yeux.

Oh! monsieur...

BROSSARD.

Non!... Ça se voit tout de suite... A la bonne heure!... Ah! c'est un bon et brave garçon!

HENRIETTE, naïvement.

Oh! oui!

BROSSARD.

N'est-ce pas?... et distingué! Avocat à vingt-quatre ans! de l'avenir!... Et puis je suis là, d'ailleurs!... Le ménage ne manquera de rien, c'est moi qui vous le dis!

HENRIETTE, très vivement.

Le ménage?... Vous songeriez...?

BROSSARD.

Hé, sans doute! Je ne songe qu'à cela... Est-ce que vous ne vous doutiez pas un peu de ce projet?

HENRIETTE.

Moi, monsieur! (A part.) Je ne comprends pas.

BROSSARD, se levant.

Nous en reparlerons. (Appelant.) Mathurine!

HENRIETTE, à part.

Si tout cela est vrai, je suis trop heureuse !

BROSSARD, à Mathurine, qui entre.

Quelle chambre a-t-on préparée pour mademoiselle ?

MATHURINE, montrant la droite.

La bleue.

BROSSARD, vivement.

Non... elle n'y serait pas bien. Conduisez mademoiselle dans la grande chambre. Aidez-la, si elle a besoin de vous, et veillez à ce qu'elle ne manque de rien. (A Henriette.) Il faut toujours secouer un peu la poussière du voyage quand on arrive. A tout à l'heure, mon enfant... à tout à l'heure.

HENRIETTE, à part.

Je ne sais vraiment si je rêve ! (Elle sort par la gauche avec Mathurine.)

SCÈNE VI.

BROSSARD, seul, puis MADAME BROSSARD.

BROSSARD.

Adorable !... Elle est tout simplement adorable !... Et je suis curieux de savoir quel défaut lui trouvera Mme Brossard. (Apercevant sa femme, qui entre par le fond.) Ah ! la voici... J'ai grande envie de ne lui rien dire... Je ne serai pas fâché de jouir de sa surprise quand la petite redescendra.

MADAME BROSSARD.

Rien de nouveau, M. Brossard ?

BROSSARD.

Rien.

MADAME BROSSARD.

Personne encore ?

BROSSARD.

Personne.

MADAME BROSSARD, négligemment.

Ce sera pour un autre jour. (Otant son chapeau.) Ah!... j'oubliais... Je viens de rencontrer Dominique à la porte de l'église.

BROSSARD.

Dominique?

MADAME BROSSARD.

Eh bien, oui, Dominique... votre garde !... Il vous attend à la mairie.

BROSSARD.

Tout de suite?

MADAME BROSSARD.

Mais oui, sans doute. Il s'agit de signer je ne sais quel papier, à propos de je ne sais quelle enquête.

BROSSARD.

Ah! c'est pour l'alignement de la route des Uselles. J'y vais et je reviens. (A part.) Décidément, j'aime mieux ne pas lui en gâter la surprise. (Il sort par le fond.)

SCÈNE VII.

MADAME BROSSARD, seule.

Ce pauvre Brossard!... Il a vieilli, mais le cœur est resté jeune, trop jeune!... Les souvenirs y tiennent trop de place; et si je le laissais faire...! Mais je suis là !

(Louise entre par le fond. Toilette élégante, un peu tapageuse, même. Air assuré. Elle a les cheveux blonds.)

SCÈNE VIII.

MADAME BROSSARD, LOUISE, puis MATHURINE.

LOUISE.

Pardon, madame...

MADAME BROSSARD.

Ah !... mademoiselle Durand... sans doute ?

LOUISE, avec beaucoup d'aplomb.

Elle-même... (Saluant.) C'est à madame Brossard, je pense, que j'ai l'honneur de parler ?

MADAME BROSSARD.

Oui, mademoiselle. (A part.) Ce n'est pas par la timidité qu'elle pèche en tout cas. (Haut.) Soyez la bienvenue, et permettez-moi de vous embrasser. Qui aime l'arbre aime la branche, (A part.) à ce que dit M. Brossard. (Elle l'embrasse.) Et monsieur votre père ? Comment va-t-il ?

LOUISE.

Bien, je vous remercie.

MADAME BROSSARD.

Vous allez lui manquer beaucoup !

LOUISE.

Un peu, du moins. Mais c'est lui qui a, pour ainsi dire, voulu mon départ.

MADAME BROSSARD.

Regretteriez-vous déjà d'être venue ?

LOUISE.

Vous ne le croyez pas.

MADAME BROSSARD.

A la bonne heure !... Nous ferons notre possible,

M. Brossard et moi, pour que le temps ne vous semble pas trop long. Les distractions n'abondent pas à la campagne. On se promène, on travaille un peu, et l'on cause. (En appuyant et avec un sourire.) Il paraît que nous avons beaucoup à causer.

LOUISE, avec une légère nuance d'ironie.

Vraiment?

MADAME BROSSARD.

Monsieur votre père, dans sa lettre, semble préoccupé de votre avenir...

LOUISE, avec assurance.

Oh! là-dessus, madame...

MADAME BROSSARD, vivement.

Mais nous en reparlerons. C'est une question qu'il ne faut pas traiter légèrement; et j'attendrai que nous ayons fait un peu connaissance.

LOUISE, d'un ton sec.

Comme il vous plaira.

MADAME BROSSARD, à part.

Eh bien, je suis fixée d'avance sur le résultat de mes bons conseils. (Haut.) Mais j'y songe, mon enfant, avez-vous déjeuné?

LOUISE.

Je me serais bien gardée de partir sans cela.

MADAME BROSSARD, à part.

Elle ne s'oublie pas! (Haut.) Et vos bagages?

LOUISE.

Je les ai laissés à la gare... Voici le bulletin... Deux malles.

MADAME BROSSARD.

Je les ferai prendre.

LOUISE.

Je suis fâchée vraiment de la peine que je vous donne.

MADAME BROSSARD.

La peine est légère, mon enfant; et c'est le dernier de mes soucis... Vous oubliez d'ailleurs que vous n'êtes pas chez des étrangers...

LOUISE, saluant.

Madame...!

MADAME BROSSARD.

... Mais chez les plus vieux, et les meilleurs amis de monsieur votre père.

LOUISE.

Je le sais.

MADAME BROSSARD, à part.

Et elle ne demande seulement pas si M. Brossard est vivant ou mort !

LOUISE.

Mon père m'a si souvent parlé de vous, que je vous aimais avant de vous connaître.

MADAME BROSSARD, souriant.

Ah !... (A part.) C'est poli; mais rien de plus. (Haut.) Je vais vous faire conduire à votre chambre. Installez-vous ; prenez pied dans la maison ; vous y serez chez vous tant qu'il vous plaira d'y rester. (Elle sonne. Mathurine entre.)

MATHURINE, apercevant Louise.

Ah !... Eh ben, mais...

MADAME BROSSARD.

Assez, Mathurine, assez !... Conduisez mademoiselle et veillez à ce qu'elle ne manque de rien.

MATHURINE.

Dans la chambre bleue, alors ?

MADAME BROSSARD.

Bien entendu. On vous l'a dit.

MATHURINE.

Mais...

MADAME BROSSARD.

Allez... allez donc ! (A Louise.) A tout à l'heure.

(Louise sort avec Mathurine par la droite.)

SCÈNE IX.

MADAME BROSSARD, seule, ironiquement.

Qui aime l'arbre aime la branche !... L'arbre passe encore ! Théodore ou Théophile, peu m'importe !... Mais la branche !... Brossard aura beau dire ; la branche ne prendra pas racine chez moi !

(Brossard rentre par le fond.)

SCÈNE X.

BROSSARD, MADAME BROSSARD.

BROSSARD.

L'enquête est finie ; Dominique est en route ; et me voici. Quoi de nouveau, madame Brossard ?

MADAME BROSSARD.

Elle est arrivée !

BROSSARD, se frottant les mains.

Ah ! ah !... Eh bien ?

MADAME BROSSARD.

J'attendrai votre avis pour vous donner le mien.

BROSSARD.

Oh! je sais à quoi m'en tenir.

MADAME BROSSARD.

Vraiment!

BROSSARD.

Et vous pouvez parler.

MADAME BROSSARD.

Eh bien, ça ne sera pas long. Elle me déplaît. C'est tout.

BROSSARD, tout étonné.

Et sous quel rapport, je vous prie?

MADAME BROSSARD.

Sous tous les rapports.

BROSSARD.

Détaillons un peu ; voulez-vous...?

MADAME BROSSARD.

Tant qu'il vous plaira. Mais il m'a suffi d'un coup d'œil pour la juger.

BROSSARD.

Oh! oh!

MADAME BROSSARD.

Elle est entrée ici comme un coup de vent, d'un air délibéré...

BROSSARD.

Ah! Cela m'étonne un peu ;... mais passons. Que lui reprochez-vous encore?

MADAME BROSSARD.

D'être trop polie dans la forme, et pas assez dans le fond. Les mots viennent des lèvres et le cœur n'y est pour rien.

BROSSARD.

Oh ! là dessus... permettez...

MADAME BROSSARD.

C'est tout au plus si elle aime son père !

BROSSARD, d'un ton de reproche.

Madame Brossard !

MADAME BROSSARD.

Et quant à l'influence de mes bons conseils que réclame votre excellent ami Théodore... ou Théophile...

BROSSARD.

Eh bien ?

MADAME BROSSARD.

Ils pèseront tout juste autant qu'une goutte d'eau en pleine mer.

BROSSARD.

Vous n'avez pas eu le temps d'en essayer.

MADAME BROSSARD.

Les quelques mots que nous avons échangés à cet égard m'ont suffi... et au delà.

BROSSARD.

Il y a parti-pris chez vous ; c'est évident !

MADAME BROSSARD.

N'en parlez pas avant de la connaître.

BROSSARD, avec impatience.

Hé ! je la connais ! Et c'est parce que je la connais que j'en parle. Henriette est une bonne et charmante petite fille toute simple...

MADAME BROSSARD, ironiquement.

Avec un chapeau à falbalas et une traîne d'un mètre !

BROSSARD.

Vous rêvez, madame Brossard !

MADAME BROSSARD.

C'est trop fort !... Et il faut, en vérité, que le souvenir de votre vieux Théodore vous ait brouillé la cervelle, pour que vous me veniez dire, à moi qui l'ai vue, de mes yeux vue, que cette grande blonde...

BROSSARD.

Blonde? Elle est brune !

MADAME BROSSARD.

Est-ce une plaisanterie, monsieur Brossard? Et suis-je aveugle?

BROSSARD.

Ma chère amie, je n'en sais rien... mais je vous affirme qu'elle est brune.

MADAME BROSSARD.

Et je vous affirme, moi, qu'elle est blonde !

BROSSARD, prêtant l'oreille à gauche.

Nous allons nous mettre d'accord ; je l'entends.

MADAME BROSSARD, prêtant l'oreille à droite.

En effet... la voici.

BROSSARD, tourné vers la gauche.

Et vous allez voir, ma chère amie...

MADAME BROSSARD, tournée vers la droite.

Je vais vous convaincre, monsieur Brossard !

(Louise entre par la droite ; Henriette par la gauche.)

SCÈNE XI.

BROSSARD, MADAME BROSSARD, HENRIETTE, LOUISE.

BROSSARD, montrant Henriette.

Regardez, je vous prie.

MADAME BROSSARD, montrant Louise.

Avais-je raison?

(Ils se retournent tous les deux et jettent un cri de surprise en apercevant les deux jeunes filles. En même temps, Louise et Henriette se reconnaissent.)

LOUISE.

Ah!

HENRIETTE.

Toi ici!

MADAME BROSSARD.

Que signifie cela?

BROSSARD, à part.

Je n'y suis plus.

HENRIETTE, à part.

Voilà le château de cartes qui s'écroule!

BROSSARD.

Expliquons-nous...

HENRIETTE.

Ça ne sera pas long, monsieur. Vous attendiez Louise, ma cousine, et c'est moi que vous avez accueillie, moi que vous n'attendiez pas, moi qui venais, à l'insu de tous, à l'insu de mon père lui-même, solliciter votre appui pour obtenir une place d'institutrice que je sais vacante.

BROSSARD, montrant Louise.

Mademoiselle se nomme Louise?

LOUISE.

Oui, monsieur, Louise Durand.

BROSSARD à part, d'un air maussade.

La fille de Théophile.

LOUISE.

Mon père, comptant sur votre vieille amitié, a dû vous écrire...

BROSSARD.

Voici sa lettre... signée Théophile Durand.

LOUISE, en souriant.

Non, pardon, monsieur... Théodore...

BROSSARD, interdit.

Vous seriez?... vous êtes?... ah! par exemple!... Dans mes bras, ma chère enfant, dans mes bras! (Il l'embrasse, puis montrant Henriette.) Mais alors, si mademoiselle est votre cousine, son père...

LOUISE.

Est le frère du mien, et se nomme Théophile.

BROSSARD, à part.

Sapristi!

LOUISE.

Monsieur votre fils a dû vous parler de lui dans ses lettres, car il est depuis quelque temps un des familiers de la maison; (Avec malice.) et cette chère Henriette a droit à votre bienveillance plus que moi.

BROSSARD, à part.

Sapristi! (Haut, d'un air contraint.) Oui, ma chère enfant... oui, sans doute... quoique je n'aie pas toujours eu à me louer de Théophile!

LOUISE, en souriant.

Pas toujours, non; mais quelquefois... ne serait-ce que le jour où il vous a sauvé la vie.

BROSSARD.

Lui?

LOUISE.

A la bataille de l'Alma.

BROSSARD.

Ah! pardon... pardon...

LOUISE.

Vous étiez tombé sur le champ de bataille, évanoui...

BROSSARD.

C'est vrai ; et quand j'ai repris connaissance au milieu des nôtres ; quand j'ai demandé le nom de mon sauveur, on m'a répondu...

LOUISE.

Le commandant Durand.

BROSSARD.

Théodore !

LOUISE, en riant.

Eh bien ! non, monsieur; c'était Théophile !

BROSSARD, stupéfait.

Ah ! sapristi !... mais alors... (A Henriette.) Dans mes bras, ma chère enfant, dans mes bras !... Du moment que... (Il l'embrasse.) Mais je suis désolé maintenant, vraiment désolé !

HENRIETTE, tristement.

Pourquoi, monsieur?... Erreur n'est pas compte.

BROSSARD.

Non... Mais vous voilà deux !... Et je n'ai qu'un fils !... Si j'en avais deux... ça irait tout seul...

LOUISE, gaiement.

Qui sait, monsieur?... Cela irait peut-être moins bien.

BROSSARD.

Parce que?...

LOUISE.

Je ne songe pas à me marier... pour le moment. J'entre au Conservatoire dans quinze jours. (A madame Brossard.) Mon père, il est vrai, madame, comptait sur vous pour m'en éloigner; mais je venais résolue d'avance, bien résolue...

MADAME BROSSARD, à son mari.

Que vous disais-je?

LOUISE.

Et je ferai, je le crois, votre bonheur à tous, en ne changeant pas d'avis... Qu'en penses-tu, Henriette?

HENRIETTE, avec émotion.

Dieu veuille que ce ne soit pas aux dépens du tien!

BROSSARD.

Nous y veillerons, ma chère enfant, nous y veillerons! Qui aime l'arbre aime la branche.

MADAME BROSSARD, à part.

Oui... Mais c'est bien heureux pour nous qu'il n'y ait eu, dans ce temps-là, que trois bataillons au 147e de ligne!

A BEAU MENTIR
QUI VIENT DE LOIN

PERSONNAGES.

SOUN-SING, mandarin, soixante ans.
SAM-CHING, peintre, cinquante ans.
KOU-MIA, pupille de SOUN-SING, dix-huit ans.
LI-OU-LIN, duègne, cinquante ans.
LOU-LY, servante, vingt ans.

La scène se passe à Pékin ou dans les environs.

A BEAU MENTIR
QUI VIENT DE LOIN

Un salon chinois; les murailles couvertes de bambou et de médaillons en porcelaine blanche et bleue. Au fond, une grande porte, ouverte sur une terrasse extérieure. A droite et à gauche, portes sans vantaux. Au fond, de chaque côté, formant de larges pans coupés, deux paravents à dessins fantastiques. Au premier plan, à droite, une table. Çà et là des sièges de formes diverses. A gauche, une glace accrochée.

SCÈNE PREMIÈRE.

KOU-MIA, LI-OU-LIN, LOU-LY.

Au lever du rideau, Li-ou-Lin, vieille décrépite et ridée, portant de grosses lunettes rondes, est assise à droite; Kou-mia, toute pensive, est assise à gauche. Lou-ly range au fond.

LI-OU-LIN.

Kou-mia?

KOU-MIA.

Dame Li-ou-lin?

LI-OU-LIN.

D'où vous vient cette tristesse?... Qu'avez-vous?

KOU-MIA.

Rien.

LI-OU-LIN.

C'est incompréhensible... aujourd'hui plus que jamais.

KOU-MIA.

Pourquoi?

LI-OU-LIN.

N'est-ce pas aujourd'hui que l'illustre et puissant seigneur Soun-sing, votre cousin au septième degré et votre tuteur, revient de son long voyage en Occident?

LOU-LY, railleuse.

Précisément.

LI-OU-LIN, sèchement.

Quoi? Que voulez-vous dire, vous, avec votre « précisément » ?

LOU-LY.

Je veux dire que c'est précisément ce retour...

LI-OU-LIN.

Qui rend Kou-mia si triste ?

LOU-LY.

Cela se pourrait bien.

LI-OU-LIN.

Et vous si impertinente ?

LOU-LY.

Pourquoi pas?

LI-OU-LIN, se levant indignée.

Où allons-nous, grands dieux! si une misérable servante s'oublie jusqu'à parler de la sorte ?

LOU-LY.

Il n'y a pas si loin, dame Li-ou-lin, d'une misérable

servante comme moi à une misérable gouvernante comme vous !... Car vous n'êtes rien de plus !

LI-OU-LIN.

Je suis presque de la famille, sachez-le, petite... malheureuse ; puisque le seigneur Soun-Sing, en partant, m'a chargée seule d'administrer sa maison et de veiller sur sa pupille !

LOU-LY.

Ce qui n'empêche que, si le seigneur Soun-sing était là, vous ne prendriez pas ces airs importants.

LI-OU-LIN.

Oui-da !

LOU-LY.

Vous vous feriez devant lui toute petite et bien humble.

LI-OU-LIN.

Vraiment?

LOU-LY.

Parce que vous avez peur de lui ; et que toute la différence entre nous c'est que j'ai le courage de dire ce que vous vous contentez de penser.

LI-OU-LIN, avec onction.

Un si bon maître !

LOU-LY, railleuse.

Qui m'a donné, depuis que je suis à son service, plus de taloches que de sapèques (1) !

LI-OU-LIN.

C'est que vous avez fait en sorte de mériter les unes et de ne pas gagner les autres. Le seigneur Sounsing est la justice, la raison, la bonté même !

(1) Monnaie chinoise.

LOU-LY, ironiquement.

Et c'est par bonté (Montrant Kou-mia.) qu'il condamne cette pauvre demoiselle à prononcer des vœux éternels, et à s'enfermer pour le reste de ses jours dans le triste asile de Ting-pô?

LI-OU-LIN.

Son fiancé, Kou-jin, n'est-il pas mort?

LOU-LY.

Il y a trois ans!... et l'avait-elle choisi ce fiancé? le connaissait-elle?

LI-OU-LIN, avec indignation.

Il ferait beau voir qu'une jeune fille connût son fiancé avant de l'épouser! D'où vous viennent ces idées scandaleuses? et quel vent a soufflé sur la maison?

LOU-LY.

Ah! si je disais tout ce que je pense!

LI-OU-LIN, vivement.

Ne le dites pas! je vous le défends! Vous n'en avez déjà que trop dit! Ce que veut le seigneur Soun-sing est équitable et conforme aux saines traditions.

LOU-LY.

Et mademoiselle est condamnée à s'enterrer vivante parce que son fiancé est mort!

LI-OU-LIN.

C'est l'usage.

LOU-LY.

Ah! pardon, dame Li-ou-lin, c'est l'usage pour celles de nous qui le veulent ainsi. Mais il n'y a pas de loi qui nous y force; et si mademoiselle voulait résister...

LI-OU-LIN, effrayée.

Malheureuse!... un pareil scandale...!

KOU-MIA, se levant.

Rassurez-vous, dame Li-ou-lin, je n'y songe pas. La volonté de mon tuteur sera la mienne.

LI-OU-LIN.

A la bonne heure!

LOU-LY, à Kou-mia.

Ah! si j'étais à votre place...!

LI-OU-LIN, à Lou-ly.

Silence!... A-t-on rangé tout dans la chambre et dans le cabinet du seigneur Soun-sing?

LOU-LY.

Tout.

LI-OU-LIN.

A-t-on préparé son déjeuner?

LOU-LY.

Oui.

LI-OU-LIN.

C'est bien. Je vais jusqu'au bout de l'avenue. Peut-être aurai-je la joie de l'apercevoir!

LOU-LY, railleuse.

Grand bien vous fasse!

(Li-ou-lin sort par le fond.)

SCÈNE II.

KOU-MIA, LOU-LY.

KOU-MIA, tristement.

Je suis perdue, ma pauvre Lou-ly!

LOU-LY.

Qui sait ?

KOU-MIA.

Le seigneur Soun-sing est inflexible, tu le sais bien !... Hélas !

LOU-LY.

Ah !... si vous ne trouvez que des soupirs à lui opposer !...

KOU-MIA.

La force me manque.

LOU-LY.

N'en parlons donc plus ! Vous prononcerez le vœu fatal et vos vingt ans iront se faner, loin des regards, derrière une muraille infranchissable, à moins...

KOU-MIA, vivement.

Ah !... parle !... achève !

LOU-LY.

A moins que le seigneur Soun-sing, lui-même, n'ait changé d'avis.

KOU-MIA.

Le ciel aurait donc fait un miracle ?

LOU-LY.

Il a dû voir et apprendre tant de choses, pendant ce voyage ! On a peut-être, dans les pays qu'il vient de visiter, un peu plus de pitié que chez nous pour les pauvres femmes. Il aura trouvé là de bons exemples.

KOU-MIA.

Qu'il se gardera bien de suivre ;... tu le connais !

LOU-LY.

Malheureusement !... Mais d'où lui a pu venir cette pensée cruelle ?

KOU-MIA.

C'est l'usage, dit-il. Une fille de notre monde, qui se respecte, ne saurait...

LOU-LY.

Hé, mademoiselle, si toutes les filles de votre monde qui se respectent allaient s'enfermer à Ting-pô, quand elles perdent un fiancé, l'asile de Ting-pô serait trop petit !... Le seigneur Soun-sing a pour vous contraindre quelque raison...

KOU-MIA.

Laquelle ?

LOU-LY.

Ah ! si je le savais !...

(Li-ou-lin rentre vivement par le fond.)

SCÈNE III.

LI-OU-LIN, KOU-MIA, LOU-LY, puis SOUN-SING.

LI-OU-LIN, avec de grandes démonstrations de joie.

Vite ! vite !... des fleurs partout !... Le voilà !... Que le ciel soit béni !

(Soun-sing entre par le fond.)

SOUN-SING.

Bonjour, dame Li-ou-lin.

LI-OU-LIN.

Votre Excellence va bien ?

SOUN-SING.

Oui.

LI-OU-LIN.

Votre Excellence a fait un bon voyage ?

SOUN-SING.

Oui. Laissez-moi tranquille.

LI-OU-LIN, se prosternant.

Votre Excellence me comble!

SOUN-SING, à Kou-mia.

Je suis heureux de vous revoir, ma chère Kou-mia.

LI-OU-LIN.

Il y a si longtemps que Votre Excellence est partie!

SOUN-SING, à Kou-mia.

Vous ne me dites rien? (Il s'approche et l'embrasse.)

LOU-LY, ironiquement.

La joie l'étouffe, seigneur!

SOUN-SING, à Kou-mia.

Remettez-vous, mon enfant... remettez-vous!... Je suis bien ému moi-même!... De loin, en apercevant la maison, j'ai senti des larmes dans mes yeux!

LOU-LY, à part.

Crocodile!

SOUN-SING, regardant autour de lui.

Dites-moi, Li-ou-lin, qu'a-t-on donc changé ici pendant mon absence?

LI-OU-LIN.

Rien, seigneur.

SOUN-SING.

Cette chambre me paraît plus petite qu'elle n'était.

LI-OU-LIN.

Votre Excellence se trompe.

SOUN-SING.

Mon Excellence peut se tromper... c'est juste!... Mais que s'est-il donc passé dans la ville?

LI-OU-LIN.

Dans la ville?... Quand cela?

SOUN-SING.

Je ne sais pas. Je vous le demande.

LI-OU-LIN.

Rien, seigneur.

SOUN-SING.

C'est étrange!... La ville m'a paru d'un triste!...

LI-OU-LIN.

Votre Excellence était mal disposée, sans doute.

SOUN-SING.

Cela se peut. (S'asseyant à droite.) Ce voyage m'a fatigué.

LI-OU-LIN, joignant les mains.

Fatigué!... Vite!... Le déjeuner de Son Excellence?

(Lou-ly sort par la droite, puis rentre et pose le déjeuner sur la table. Pendant ce temps, deux hommes sont entrés par le fond, portant une grande malle.)

SOUN-SING, aux porteurs.

Ah!... bien... (Montrant le premier plan, à gauche.) Posez cela dans ce coin... doucement! (Les porteurs déposent la malle.) Dame Li-ou-lin, donnez à ces braves gens un bon de quatre sapèques.

(Les porteurs sortent après avoir été payés.)

LI-OU-LIN, à Soun-sing.

Si Votre Excellence veut prendre quelque chose.

SOUN-SING, se mettant à table.

Volontiers... La mer a été très mauvaise... et ce que j'ai mangé depuis deux mois ne m'a pas profité. (Commençant à déjeuner.) Pouah!... qu'est-ce que c'est que ça?

LI-OU-LIN, étonnée.

Mais, seigneur, c'est votre mets favori... des filets de rat aux chenilles frites!

SOUN-SING.

Les filets de rat... je ne dis pas!... Mais la sauce?

LI-OU-LIN.

Une sauce au safran... que vous aimez par-dessus toutes les autres.

SOUN-SING, faisant la grimace.

Vous croyez, dame Li-ou-lin? (Il se remet à manger.)

LOU-LY, bas, à Kou-mia.

Que vous disais-je, mademoiselle? Le voyage a fait son effet.

SOUN-SING.

Décidément... non... je ne peux pas. Enlevez-moi ce plat. Voyons celui-ci.

LI-OU-LIN.

Des émincés de grenouilles au piment. (Soun-sing goûte et fait la grimace.) Exquis, n'est-ce pas, seigneur?

SOUN-SING.

Oui... très bon. (A part.) Je ne pourrai jamais me remettre à cette cuisine-là! (On entend dehors une sérénade par des instruments chinois : flûte, viole et tambour.) Mais quel est ce bruit?

LI-OU-LIN.

Des musiciens que j'ai fait venir fêtent votre retour, Excellence.

SOUN-SING.

Vous ne trouvez pas qu'ils jouent faux?... La flûte surtout!

LI-OU-LIN.

Mais, seigneur...

SOUN-SING, impatienté.

Assez! assez!... Délivrez-moi de ce charivari, dame Li-ou-lin.

LI-OU-LIN, remontant, à part.

Je n'y comprends rien! (Elle fait un signe dehors; la musique cesse.)

KOU-MIA, à Soun-sing.

Tout ce que vous retrouvez ici, seigneur, vous semble bien mesquin et bien pauvre sans doute à côté des merveilles de là-bas ?

SOUN-SING.

Qu'appelez-vous les merveilles de là-bas, Kou-mia ?... Vous ne parleriez pas de la sorte si, pour votre malheur, vous m'aviez accompagné dans ce long et pénible voyage !

KOU-MIA.

En vérité !

SOUN-SING.

Je reviens écœuré, indigné de ce que j'ai vu !

KOU-MIA.

Est-il possible !

SOUN-SING.

Je ne sais comment j'ai pu mériter que le Fils du Ciel, mon auguste maître, m'attache à cette ambassade. Je ne comprends même pas qu'il daigne envoyer des ambassadeurs chez ces barbares.

KOU-MIA.

On dit pourtant que la France est un beau pays.

SOUN-SING, dédaigneusement.

Un pays sans soleil, sans végétation, sans culture ; où la misère est épouvantable, l'industrie encore en enfance, et dont les malheureux habitants ne sauraient rien si, à force de ruse et d'adresse, ils n'étaient venus apprendre quelque chose chez nous !

LI-OU-LIN.

Un pays où ils n'ont pas même de thé, à ce qu'on dit.

SOUN-SING, s'oubliant.

Non ; mais ils ont la vigne, qui donne une boisson...

LI-OU-LIN.

... Détestable, cela va sans dire, puisqu'ils nous achètent du thé pour le boire !

SOUN-SING, à part.

Quand ils sont malades ! (Haut.) Ah ! les malheureux ! Si encore ils n'avaient besoin de nous que pour cela !... Mais, en tout, nous sommes leurs maîtres ; et, ce qu'il y a de plus triste, c'est qu'en tout ils affichent des prétentions ridicules ! En politique, en littérature, en art... En art ! je vous demande un peu !... des gens qui font des dessins avec de l'ombre ! comme si l'ombre existait dans la nature !

LI-OU-LIN, d'un air de pitié.

Pauvres gens !

SOUN-SING.

Des gens qui croient avoir un théâtre, et dont les pièces ne durent pas plus de trois ou quatre heures, quand les plus courtes, chez nous, durent de huit à quinze jours !... Et quelle musique ! Le charivari de tout à l'heure serait mélodieux comparé au vacarme de leurs orchestres !... Et l'on paye pour assister à ces parades !... on paye même très cher !... Tout est cher, du reste, chez eux... et c'est tout simple... Ils manquent de tout !... Faites-moi donner le dessert, dame Li-ou-lin... Qu'avons-nous ?

LI-OU-LIN, le servant.

Des sauterelles confites, et des fruits.

SOUN-SING.

Ah ! ah !... des sauterelles !... Il y a bien longtemps que je n'en ai mangé !... Si encore ces barbares, en échange de l'argent que leur apportent les voyageurs, avaient pour eux quelques égards !... Mais non. C'est à peine si les serviteurs daignent s'occuper de vous !... Et tenez, à moi qui vous parle, on m'a ri au nez!

LI-OU-LIN, indignée.

On a ri au nez de votre Excellence !

SOUN-SING.

Oui !... Mais que peut-on attendre de malheureux qui ignorent les lois les plus élémentaires de la bienséance ?... Le croiriez-vous ? Quand on les invite à dîner, — ils acceptent !

LI-OU-LIN.

C'est d'une grossièreté !

SOUN-SING, quittant la table et se levant.

Ah ! ne me parlez pas de ces pays d'Occident !... Tant que nous ne leur aurons pas imposé à coups de canon les bienfaits de la civilisation...

KOU-MIA.

Quelle est la condition des femmes chez eux, seigneur Soun-sing ?

SOUN-SING.

Epouvantable, mon enfant !

KOU-MIA.

En vérité !

SOUN-SING.

Elles font tout ce qu'elles veulent !

LOU-LY, ironiquement.

C'est épouvantable, en effet !

KOU-MIA.

Et que font-elles ?

SOUN-SING.

Rien !... Du matin au soir, elles ne songent qu'à

leur toilette! (Levant les épaules.) Et si vous les voyiez!... (Montrant la malle, à gauche.) J'ai rapporté, pour en rire un peu avec vous, quelques échantillons des costumes dont elles s'affublent.

LOU-LY.

Oh! montrez-nous cela, seigneur!

SOUN-SING, d'un air de pitié.

Des robes qui dessinent la taille, et les font ressembler à de grosses mouches! Des amas de rubans et de chiffons!... Et elles sortent ainsi accoutrées! Elles se promènent par les rues! Et elles montrent leurs pieds en marchant!

LI-OU-LIN, joignant les mains.

Oh!

SOUN-SING.

Ce n'est rien encore, dame Li-ou-lin; et vous ne pouvez imaginer dans quel état de barbarie sont ces pauvres peuples : croiriez-vous que, là-bas, quand une jeune fille se marie, on la consulte?

LOU-LY, à part.

Tiens... Tiens...

SOUN-SING.

On lui permet de voir son fiancé!

LOU-LY, ironiquement.

Oh! ces barbares!... Et quand le fiancé meurt, seigneur Soun-sing, est-ce qu'elles s'enferment pour le reste de leurs jours dans l'asile de Ting-pô?

SOUN-SING.

Jamais!

LI-OU-LIN.

Et on ne les y contraint pas?

SOUN-SING, dédaigneusement.

On y songe bien !

LOU-LY, battant des mains.

Oh ! le beau pays !

SOUN-SING, sévèrement.

Qu'est-ce à dire, Lou-ly ? Que signifie cette exclamation ?

LOU-LY.

Cela signifie, Seigneur, que votre pupille Kou-mia n'a que dix-huit ans ; que la liberté est une très belle chose ; que le soleil n'est pas fait pour les aveugles ; et que, si ornées soient-elles, les portes d'une prison ne sont que des portes de prison !

SOUN-SING, ironiquement.

Vous oubliez d'ajouter, ma mie, que, si la parole est d'argent, le silence est d'or.

LOU-LY.

Ce qui n'empêche...

SOUN-SING, impérieusement.

Assez !... J'ai dit ma volonté. Il sera fait comme je l'ai dit.

KOU-MIA.

Hélas, seigneur Soun-sing !...

SOUN-SING.

C'est pour votre bien, mon enfant !

LOU-LY, à part.

Oh ! le vieux monstre !

SOUN-SING.

Dame Li-ou-lin, veillez à ce que tout soit prêt pour notre départ ! (A Kou-mia.) Vous, ma chère Kou-mia, allez en attendant faire quelque pieuse lecture.

(Kou-mia sort par la gauche ; Li-ou-lin par la droite.)

SCÈNE IV.

SOUN-SING, LOU-LY.

SOUN-SING, se croyant seul.

Tout va bien. Kou-mia ne résistera pas à ma volonté... Dans huit jours... Mais avant tout, je tiens à perpétuer le souvenir de cette mémorable ambassade. Je veux transmettre aux générations mon image avec les attributs de mes hautes fonctions ! (Il ouvre la malle et y prend un objet enveloppé qu'il glisse sous sa robe, en disant :) J'ai tout le reste. (Apercevant Lou-ly.) Ah ! vous étiez là, vous !

LOU-LY.

Oui, seigneur.

SOUN-SING, remontant.

Je sors. Je serai absent une heure ou deux. Je vais chez mon vieil ami Sam-ching.

LOU-LY.

Le peintre... qui fait de si belles enluminures.

SOUN-SING.

Oui... Quand les barbares en auront comme celui-là...

LOU-LY.

Vous allez faire faire votre portrait, seigneur Soun-sing ?

SOUN-SING.

Cela peut-être... mais cela ne vous regarde pas. (Il sort par le fond.)

SCÈNE V.

LOU-LY, seule.

Parti !... Je suis seule !... Il a oublié de fermer la malle... J'ai le temps de regarder. (Ouvrant la malle et y jetant les yeux.) Oh ! (Prenant dans la malle un bonnet.) que c'est drôle ! C'est pour mettre sur la tête ?... (Elle se coiffe.) Oui. (Se regardant dans la glace.) Mais ça ne va pas mal... Que disait-il donc, ce vieux Soun-sing? (Fouillant dans la malle.) Ah !... une robe !... qui prend la taille ! (La robe à la main.) Si j'osais !... Bast !... pourquoi pas ?... Ce sera bientôt fait. (Elle passe derrière le paravent de droite. Kou-mia, au même instant, entre par la gauche.)

SCÈNE VI.

KOU-MIA, LOU-LY, cachée derrière le paravent.

KOU-MIA.

Il faut cependant que je lui parle, que je le fléchisse !... Allons, pauvre Kou-mia, un peu de courage ! (Regardant autour d'elle.) Tiens !... il n'est plus là !... Je suis seule. (Apercevant la malle ouverte.) Pourquoi donc ce coffre est-il ouvert ? (Une pause.) Ah ! malgré moi, ma pensée s'envole vers ces pays si lointains, où j'aurais voulu naître !... J'y aurais été libre, heureuse !... Elle dit vrai, la bonne Lou-ly, je n'ai que dix-huit ans ! et c'est mourir trop jeune ! (Tout en parlant, elle s'est approchée de la malle et y a jeté les yeux.) Oh ! les jolies choses !...

Qu'est-ce que tout cela ? (Sortant les objets au fur et à mesure.) Une robe !... une coiffure ! (Après un moment d'hésitation.) Si je pouvais, ne fût-ce qu'une minute, oublier mon malheureux sort, et cet affreux pays !... pourquoi non ?... je n'entends personne. Le seigneur Soun-sing est sorti sans doute ; (Regardant à droite.) il n'est pas chez lui. (Avec résolution.) Qu'ai-je à craindre d'ailleurs ? Et quel châtiment plus terrible m'infligerait-il ? (Elle passe derrière le paravent de gauche ; au même instant Lou-ly sort du paravent de droite, vêtue en soubrette européenne.)

SCÈNE VII.

LOU-LY, puis KOU-MIA.

LOU-LY.

Voilà ! (Se regardant.) Oh ! mais, je suis bien plus gentille comme ça !... On dirait que cette robe a été faite pour moi !... Quelle taille fine ça donne !... Le seigneur Soun-sing a bien mauvais goût ; et les femmes barbares sont bien heureuses !

(Kou-mia sort du paravent de gauche en toilette européenne.)

KOU-MIA, à part.

Voyons un peu comment je suis...

LOU-LY, l'apercevant.

Ah !

KOU-MIA.

Lou-ly !

LOU-LY.

Oh ! que vous êtes jolie comme ça, mademoiselle !

KOU-MIA.

Mais toi-même, Lou-ly...

LOU-LY.

Oh ! la belle robe !... Marchez donc un peu, mademoiselle, que je voie ?...

(Kou-mia traverse la scène ; Lou-ly la suit des yeux avec admiration.)

KOU-MIA.

A ton tour, Lou-ly ?

(Même jeu de scène.)

LOU-LY.

Ça ne vous gêne pas d'être serrée comme ça ?

KOU-MIA.

Pas du tout !... Et toi ?

LOU-LY.

Moi non plus. (Courant à la malle.) Voyons donc ce qui reste dans le coffre.

KOU-MIA.

Si le seigneur Soun-sing rentrait !

LOU-LY.

Ne craignez rien. Il est allé se faire peindre chez notre voisin Sam-ching. Il en a pour une heure ou deux !

(Tandis que Lou-ly et Kou-mia sont penchées sur la malle, Li-ou-lin entre par la droite.)

SCÈNE VIII.

LOU-LY, KOU-MIA, LI-OU-LIN.

LI-OU-LIN, les apercevant.

Dieux immortels !

KOU-MIA, effrayée.

Dame Li-ou-lin !... Nous sommes perdues !

LI-OU-LIN.

C'est inoui !... Je n'en puis croire mes yeux !

LOU-LY, effrontément.

Pourquoi cela, dame Li-ou-lin ?

LI-OU-LIN.

Les mânes du pauvre seigneur Kou-jin doivent en tressaillir d'indignation !

LOU-LY.

Mais il y a trois ans qu'il est mort votre Kou-jin ! Nous ne le connaissions pas ! Nous pouvons, sans faire injure à sa mémoire, nous distraire et goûter un plaisir, si le hasard nous en offre l'occasion.

LI-OU-LIN.

Et quel plaisir est-ce là, je vous prie ? S'affubler d'oripeaux !

KOU-MIA.

Bien jolis, en tout cas, dame Li-ou-lin... vous ne pouvez le nier.

LI-OU-LIN.

Soit.

LOU-LY, montrant la robe de Kou-mia.

Voyez ce tissu, comme il est fin !

LI-OU-LIN.

D'accord !... Mais il n'en est pas moins inconvenant...

LOU-LY.

Ah ! dame Li-ou-lin, on voit bien que vous n'avez jamais été jeune !

LI-OU-LIN, froissée.

Si vraiment, je l'ai été !

LOU-LY, à part.

Ah ! ah !

LI-OU-LIN.

Jeune, — et jolie!... Quand j'allais, aux jours de grande fête, porter mon offrande sur les autels de la déesse Kwan-yin, il ne manquait pas d'audacieux pour me regarder. (A Lou-ly, qui rit.) Pourquoi donc riez-vous, impertinente? Doutez-vous de ce que je dis?

LOU-LY.

Je n'aurais garde!... Vous avez été jolie, dame Li-ou-lin; vous n'avez pas besoin de le dire; cela se voit encore!

LI-OU-LIN.

Et si j'étais autrement coiffée...

LOU-LY, en riant.

Essayons! (Elle lui pose sur la tête un bonnet chargé de rubans qu'elle a pris dans la malle.)

LI-OU-LIN, se regardant.

Eh bien... qu'en dites-vous?... Ne suis-je pas mieux déjà?... et si j'ôtais mes lunettes!... (Elle ôte ses lunettes.)

LOU-LY.

Oui... c'est vrai! Cela tient du prodige!... Vous avez vingt ans de moins!... Et si, au lieu de cette vilaine robe jaune à plis droits, vous portiez... celle-ci! (Elle montre une robe Pompadour, qu'elle vient de prendre dans la malle.)

LI-OU-LIN, piquée au jeu.

Et pourquoi non?... Croyez-vous que cela ne m'irait pas tout comme à d'autres?

LOU-LY.

Hé! hé... qui sait?

LI-OU-LIN.

Vous allez bien voir! (Elle passe derrière le paravent de droite.)

KOU-MIA.

A quoi songes-tu, Lou-ly, de railler ainsi cette pauvre Li-ou-lin?

LOU-LY.

Que voulez-vous, mademoiselle ; nous étions prises. Le meilleur moyen d'acheter son silence n'était-il pas de la compromettre avec nous?..... (A Li-ou-lin.) Eh bien, dame Li-ou-lin?

LI-OU-LIN, derrière le paravent.

Ça me serre un peu.

LOU-LY.

Faut-il vous aider ?

LI-OU-LIN, derrière le paravent.

Non... non... J'y suis. (Rentrant en scène, vêtue de la robe Pompadour, à grands falbalas.) Regardez !

LOU-LY.

Vous êtes méconnaissable !

LI-OU-LIN, se promenant et se regardant.

J'ai la démarche jeune encore !... Et il faut avouer que ces modes barbares avantagent les femmes !... Ce sont des engins de perdition !

LOU-LY.

Ah! il doit y en avoir bien d'autres dans le coffre!... Et si vous étiez curieuse...

LI-OU-LIN.

Curieuse !... moi !... Pour qui me prenez-vous ? (se précipitant sur la malle.) Ah! que de choses ! (Prenant un flacon.) Qu'est-ce que cela?... Sentez donc, Lou-ly?

LOU-LY, respirant.

Oh! quel parfum ! (Elles se versent de l'eau de Cologne sur les mains.)

LI-OU-LIN, tirant de la malle une bouteille de champagne.

Et ceci ?... le seigneur Soun-sing a écrit quelque chose dessus... Lisez donc, Kou-mia ;... je n'ai pas mes lunettes.

KOU-MIA, prenant la bouteille et lisant.

« Vin de Champagne ; — exquis. J'ai bu le même chez le ministre des affaires étrangères. »

LOU-LY.

Si nous y goûtions ? (Elle débouche la bouteille, donne des verres et verse.)

KOU-MIA.

Ah !... quelle jolie couleur !

LI-OU-LIN.

Quel arome !

LOU-LY, buvant.

Ça vaut mieux que le thé, dame Li-ou-lin.

LI-OU-LIN.

C'est mon avis. (Courant à la malle.) Encore un coup d'œil à ce coffre !... Rien ne m'intéresse comme les souvenirs de voyage ! (Elle tire de la malle une boîte à musique ; la regarde un moment, ne sachant ce que c'est, et la passe à Lou-ly.)

LOU-LY.

Qu'est-ce que cela peut bien être ? (A force de tourner et de retourner la boîte, elle finit par appuyer sur le ressort ; la boîte joue le quadrille des *Cloches de Corneville*.)

KOU-MIA.

Oh ! la jolie musique !

LI-OU-LIN.

On danserait volontiers sur cet air-là.

LOU-LY.

Dansons, dame Li-ou-lin, dansons !

(Elles se prennent par la main toutes les trois et se mettent à danser.)

LI-OU-LIN, s'arrêtant court et prêtant l'oreille.

Ciel !... J'entends des pas. (Elle remonte, regarde au fond, puis redescend vivement, tout effarée, en disant :) Le seigneur Soun-sing vient de ce côté !... avec le voisin Sam-ching !

LOU-LY, fermant la malle.

Vite ! refermons le coffre !

KOU-MIA.

Remettons nos robes !

LI-OU-LIN, au fond.

Vite !... vite ! le voilà !

LOU-LY, prenant la boîte à musique.

Et cette boîte que nous oublions !

(Kou-mia et Lou-ly, pour se déshabiller, se réfugient derrière les paravents ; mais, dans leur précipitation, elles se trompent de côté. Kou-mia, qui s'était déshabillée à gauche, passe derrière le paravent de droite, Lou-ly, portant la boîte à musique, passe derrière le paravent de gauche.)

LI-OU-LIN, courant tout effarée.

Où me suis-je déshabillée ?... Je ne sais plus !... Je perds la tête ! (Elle court un instant d'un paravent à l'autre comme affolée, et se trouve tout à coup en présence de Soun-sing, qui entre par le fond, accompagné de Sam-ching. Elle jette un cri.) Oh ! ! (Sam-ching porte sous le bras un carton et une boîte à dessin.)

SCÈNE IX.

SOUN-SING, SAM-CHING, LI-OU-LIN, KOU-MIA
et LOU-LY, cachées derrière les paravents.

SOUN-SING, apercevant Li-ou-lin.

Suis-je bien éveillé ?... Ne rêvé-je point ?

LI-OU-LIN, tombant à ses pieds.

Grâce ! pitié ! seigneur Soun-sing !

SOUN-SING, scandalisé.

Dame Li-ou-lin, la gouvernante de ma pupille, dans cet équipage !... Vous avez perdu l'esprit, sans nul doute !

LI-OU-LIN, prosternée.

Pardonnez-moi, mon bon seigneur !

KOU-MIA, passant la tête par-dessus le paravent de droite. A demi-voix.

Lou-ly ?

LOU-LY, même jeu, à gauche.

Mademoiselle ?

KOU-MIA, montrant la robe de Lou-ly.

Nous nous sommes trompées !

SOUN-SING, à Li-ou-lin, croyant que c'est elle qui a parlé.

Vous vous êtes trompée, dites-vous ? Et comment ? Où est l'erreur possible dans votre scandaleuse conduite ?

KOU-MIA, même jeu, à Lou-li.

Que faire ?

LOU-LI.

Laissons passer l'orage.

SOUN-SING, à Li-ou-lin, même quiproquo.

Et vous croyez que l'orage passera sans éclater ?.. Détrompez-vous !

LI-OU-LIN, pleurant.

Laissez-moi dire à Votre Excellence...

SOUN-SING.

Rien... rien ! Mon Excellence n'a rien à entendre !... J'étouffe d'indignation !... Sortez !... Et ne reparaissez jamais devant moi !

LI-OU-LIN.

Sortir !... Mais vous n'y songez pas, seigneur ; sortir dans ce costume !

SOUN-SING.

Ce sera votre châtiment !... obéissez !

(Li-ou-lin sort, en pleurant, par le fond.)

SCÈNE X.

SOUN-SING, SAM-CHING, KOU-MIA
et LOU-LY, cachées derrière les paravents.

SOUN-SING, d'un air désolé.

Ah ! Sam-ching, qu'il est triste de se voir ainsi trahi par ceux en qui l'on avait mis sa confiance ! (Avec colère.) Cette misérable Li-ou-lin, à qui j'avais laissé le soin de l'éducation de ma pupille !

SAM-CHING.

Remettez-vous, mon cher seigneur !

SOUN-SING, se calmant.

Oui... vous avez raison, Sam-ching, remettons-nous. J'ai à vous parler d'ailleurs. Comme je vous l'ai dit, lorsque je vous ai rencontré tout à l'heure, j'allais chez vous pour vous entretenir d'une chose grave.. et je suis bien aise de vous avoir trouvé par hasard muni de ce qu'il faut pour travailler. J'aime autant, après réflexion, que la chose soit faite chez moi.

SAM-CHING.

C'est de votre portrait qu'il s'agit ?

SOUN-SING, mystérieusement.

Oui.

SAM-CHING, s'installant à droite.

Rien de plus facile... Et nous commencerons quand vous voudrez.

SOUN-SING.

Non... attendez, Sam-ching ; (Montrant le costume qu'il porte.) ce n'est pas dans cet accoutrement ridicule que je veux être immortalisé.

SAM-CHING, étonné.

Ridicule ? votre robe de mandarin !

SOUN-SING, dédaigneusement.

Oui. (Il tire de dessous sa robe l'objet enveloppé qu'il a pris dans la malle, et le développe. C'est un chapeau à trois cornes galonné d'or, comme ceux des ambassadeurs européens.)

SAM-CHING.

Qu'est-ce que cela ?

SOUN-SING.

Le chapeau que je portais le jour où j'ai été reçu par le chef de l'Etat... là-bas !

SAM-CHING.

Chez les barbares ?

SOUN-SING.

En France ! (Mettant le chapeau sur sa tête.) Comment suis-je coiffé ? N'ai-je pas l'air ?...

SAM-CHING, embarrassé.

Mais, seigneur...

SOUN-SING.

Majestueux ? Hein ?

SAM-CHING.

Oui... sans doute... Mais la coiffure ne va pas sans l'habit.

SOUN-SING.

Je le sais... et j'ai pris mes mesures... Regardez ! (Il ôte sa robe de mandarin et paraît vêtu en ambassadeur européen; pantalon à bande d'or, habit brodé d'or, épée au côté.)

KOU-MIA ET LOU-LY, dont on aperçoit les têtes au-dessus
des deux paravents pendant toute la scène.

Ah !

SOUN-SING, paradant.

Vous aurez beau dire ; ceci a plus de cachet que... cela !... et c'est ainsi que je veux laisser mon image aux futures générations de mon pays. Je veux que mes arrière-petits-neveux sachent bien qu'en la présente année leur ancêtre Soun-sing, mandarin à bouton de cristal, a été attaché à une ambassade, et envoyé dans les pays d'Occident.

SAM-CHING.

Vous semblez tout ravi rien que d'y songer, seigneur Soun-sing ?

SOUN-SING.

Oui, mon ami. Je reviens de ce voyage, enthousiasmé, ébloui, confondu !

LOU-LY, à part.

Pas possible !

SOUN-SING, croyant que c'est Sam-ching qui a parlé.

Très possible !... Je viens de voir un pays incomparable !

SAM-CHING.

Vraiment ?

KOU-MIA, à part.

Que disait-il donc tout à l'heure ?

SOUN-SING.

J'ai horreur du mensonge, vous le savez, mon cher ami ; et je répète le mot ; — incomparable !... Un climat délicieux ! Toujours du soleil ! Jamais de pluie ! Température constamment douce ! végétation abondante ! richesse inouïe ! On ne sait pas ce que c'est que la misère dans ce pays-là ! Le dernier des paysans y est plus riche que moi, — qui vous parle !

SAM-CHING.

Oh !

SOUN-SING.

Et quand je pense que, par ignorance, nous les raillons ces Européens !

SAM-CHING.

Mais...

SOUN-SING, avec feu.

Des gens qui nous pourraient donner des leçons de tout !

SAM-CHING.

Ah ! permettez, seigneur ; en art...

SOUN-SING.

En art !... Vous n'y songez pas, Sam-ching !... Certes, vous faites de fort jolies choses... mais cela n'approche pas de ce que j'ai vu là-bas !... Vous ne mettez pas d'ombres à vos dessins.

SAM-CHING.

L'ombre n'existe pas dans la nature.

SOUN-SING.

Il paraît que si ! (Avec enthousiasme.) Et leurs théâtres, mon ami !... Ah ! quelles délicieuses soirées j'y ai passées ! La pièce est courte ; le dialogue vif, et la musique... ah ! quelle musique !

SAM-CHING.

La nôtre...

SOUN-SING.

Vous n'avez pas entendu *les Cloches de Corneville*, mon ami !

SAM-CHING.

C'est vrai.

SOUN-SING.

Et tout cela pour rien !... Je n'ai pas dépensé dix sapèques ! On m'a tout offert de la façon la plus gracieuse... Ces gens-là ont le secret de la politesse. Lorsqu'ils vous invitent à dîner, ce n'est pas, comme ici, pour que vous refusiez. Non pas. On m'invite ; j'accepte !... J'ai dîné ainsi, tous les jours, à l'ambassade, chez les ministres, toujours placé entre deux dames... Ah ! Sam-ching, les ravissantes créatures que ces Françaises ! Quelles toilettes ! quel goût !

LOU-LY, en riant.

Bravo !

SOUN-SING, croyant que c'est Sam-ching qui a parlé.

Oui, Sam-ching, bravo ! Quand on a vu tout ce que je viens de voir ; quand on a mis le pied dans ces pays favorisés par les dieux...

SAM-CHING.

On en revient...

SOUN-SING.

Mais on n'aspire qu'à y retourner.

SAM-CHING.

Comment !... Vous songeriez ?...

SOUN-SING.

Je ne m'en cache pas ! Et je compte bien me remettre en route dès que j'aurai laissé ici le souvenir de cette mémorable expédition. (Avec une tristesse hypocrite.) Et que j'aurai conduit à Ting-pô ma pupille Kou-mia.

SAM-CHING, vivement.

Kou-mia ?...

SOUN-SING, hypocritement.

Oui, mon ami... oui... Depuis la mort de ce pauvre Kou-jin, elle est d'une tristesse morne ; elle a pris en horreur les bruits du monde, et ne songe qu'à vivre dans la retraite.

SAM-CHING.

Vous auriez dû...

SOUN-SING.

C'est ce que j'ai fait. J'ai épuisé tous les arguments pour la détourner de cette funeste résolution... mais en vain.

KOU-MIA, à demi-voix.

Oh ! le monstre !

SOUN-SING, même quiproquo que plus haut.

Ce n'est pas un monstre, Sam-ching ; c'est une tête un peu exaltée... mais un cœur excellent. « Je n'ai plus besoin de rien ici-bas, m'a-t-elle dit, bon seigneur Soun-sing ; tout ce que je possède est à vous ; disposez-en. »

SAM-CHING.

Mais elle est très riche !

SOUN-SING, hypocritement.

Oui ; je le sais, mon pauvre Sam-ching.

SAM-CHING.

Et elle vous abandonne tout ?

(En ce moment, Lou-ly, derrière le paravent, appuie sur le bouton de la boîte à musique, qui joue l'air : *Madame Angot n'aurait pas trouvé ça !*)

SOUN-SING, bondissant.

Hein !

SAM-CHING.

Qu'est-ce que c'est que ça ?

SOUN-SING, stupéfait.

Ma boîte à musique !!!

SAM-CHING, battant la mesure.

C'est très gentil.

SOUN-SING, remontant, furieux.

Qui s'est permis...? (Apercevant Lou-ly, qui sort du paravent de gauche.) Lou-ly !

LOU-LY, avec une révérence.

Pour vous servir !

SOUN-SING.

Que faisiez-vous là, malheureuse?

LOU-LY.

J'écoutais.

SOUN-SING, hors de lui.

Oh! si je ne me retenais... (A part.) Mais j'ai besoin de sa discrétion. (Haut, d'un air doucereux.) Ecoutez-moi, Lou-ly... Pour des raisons graves... des raisons d'Etat, il importe que ce que vous venez d'entendre ne soit pas répété.

LOU-LY, ironiquement.

Pas même à votre pupille?

SOUN-SING.

A elle surtout!... Et si vous vous engagez à ne rien dire, je vous promets...

KOU-MIA, sortant du paravent de droite.

C'est inutile !... j'étais là.

SOUN-SING, anéanti.

Ouf!!!

SAM-CHING, à part.

Ça se gâte, il me semble.

KOU-MIA.

J'ai tout entendu, grâce aux dieux!

SOUN-SING, essayant de protester.

Kou-mia...

KOU-MIA.

Vous espériez, en m'enfermant à Ting-pô, vous emparer de mes biens !

SOUN-SING, vivement, à Sam-ching.

N'en croyez pas un mot, Sam-ching !

KOU-MIA, avec force.

Vous abusiez de votre autorité pour me condamner à cette mort affreuse, et me dépouiller ! Mais je sais maintenant qui vous êtes ; et c'est aux juges que je demanderais ma liberté, si vous aviez l'audace de me la refuser !

SOUN-SING, humblement.

Mais... je ne vous refuse rien, Kou-mia... Votre volonté sera la mienne !

KOU-MIA.

A la bonne heure. Ecoutez-moi donc ! (Impérieusement.) Vous pardonnerez à dame Li-ou-lin, et vous la garderez auprès de vous.

SOUN-SING.

Soit.

KOU-MIA.

Vous me mettrez dès demain en possession de tous mes biens.

SOUN-SING, avec effort.

Puisque vous le voulez.

KOU-MIA.

Et vous me laisserez partir.

SOUN-SING.

Mais...

KOU-MIA.

Avec Lou-ly.

SOUN-SING.

Mais...

KOU-MIA.

Je le veux!

SOUN-SING, se résignant.

Vous êtes libre, Kou-mia. Mais, réfléchissez! Seule, sans appui, qu'allez-vous faire? Que deviendrez-vous? Où irez-vous?

KOU-MIA.

En France!

LOU-LY.

Ah! quel bonheur!

SOUN-SING, tombant sur une chaise.

Et voilà comment ces barbares nous civilisent!

TABLE DES MATIÈRES

	Pages.
Tel oiseau tel nid................................	3
Petite étincelle engendre grand feu..............	33
Il n'est si petit qui ne compte...................	63
Bon renom vaut un héritage.....................	95
Où la chèvre est liée............................	123
Tout est bien qui finit bien.....................	153
Il n'est chance qui ne retourne..................	179
Loin des yeux, loin du cœur....................	213
Absent le chat, les souris dansent...............	243
Dire et faire sont deux..........................	275
Qui aime l'arbre aime la branche................	307
A beau mentir qui vient de loin.................	335

A LA MÊME LIBRAIRIE

COMÉDIES

PAUL CÉLIÈRES.	Trente-cinq ans de bail, comédie en un acte (5 personnages). In-8°. 1 fr. 50
—	Le Voisin Géronte, comédie en deux actes en vers, avec intermèdes (7 personnages). In-8°. 1 fr. 50
—	L'Elixir d'Arlequin, comédie en un acte en vers (6 personnages). In-8°. 1 fr. 50
—	Lilas blancs et Roses thé, comédie en un acte (6 personnages). In-8°. 1 fr. 50
—	L'Oiseau sur la branche, comédie en un acte (9 personnages). In-8°. 1 fr. 50
—	Chacun pour soi, comédie en un acte en vers (6 personnages). In-8°. 1 fr. 50
LÉOPOLD LALUYÉ.	L'Obus, comédie en un acte (4 personnages). In-8°. 1 fr. 50
—	Azor et Lubin, comédie en un acte (5 personnages). In-8°. 1 fr. 50
—	La Robe de bal, comédie en un acte (5 personnages). In-8°. 1 fr. 50
—	Les quatre-vingts ans de la chanoinesse, comédie en un acte (5 personnages). In-8°. 1 fr. 50
—	Chassez le naturel..., comédie en un acte (5 personnages). In-18. 1 fr.
—	Les cadeaux de mon oncle, comédie en un acte (5 personnages). In-18. 1 fr.
EUG. ADENIS.	Ma nièce Hortense, comédie en un acte (4 personnages). In-18. 1 fr.

PROVERBES

PAUL CÉLIÈRES.	En scène, S. V. P. Comprenant les 12 proverbes ci-dessous. 1 vol. in-18. 3 fr. 50

Tel oiseau tel nid (5 personnages); — Petite étincelle engendre grand feu (11 personnages); — Il n'est si petit qui ne compte (7 personnages); — Bon renom vaut un héritage (7 personnages); — Où la chèvre est liée... (2 personnages); — Tout est bien qui finit bien (6 personnages); — Il n'est chance qui ne retourne (6 personnages); — Loin des yeux, loin du cœur (6 personnages); — Absent le chat, les souris dansent (6 personnages); — Dire et faire sont deux (4 personnages); — Qui aime l'arbre aime la branche (5 personnages); — A beau mentir qui vient de loin (5 personnages).

Chaque proverbe format in-18 : 1 franc.

A. HENNUYER, IMPRIMEUR-ÉDITEUR, 47, RUE LAFFITTE.

A. DUPEUTY.	Blanche de Césanne, proverbe en un acte (5 personnages). In-8°.	1 fr. 50
CH. NUITTER.	La Cage d'or, proverbe en un acte (5 personnages). In-8°.	1 fr. 50

CHARADES EN ACTION

PAUL CÉLIÈRES.	L'incomparable Zuléma, charade en trois parties (8 personnages). In-18.	1 fr.
—	Un Dîner de huit couverts, charade en trois parties (2 personnages). In-18.	1 fr.
—	Le Gibier de Son Altesse, charade en trois parties (9 personnages). In-18.	1 fr.
—	Le Nez du marquis, charade en trois parties (7 personnages). In-18.	1 fr.
JULES ADENIS.	Marionnette, charade en trois parties (7 personnages). In-18.	1 fr.
—	La Fête de Colombine, charade en trois parties (7 personnages). In-18.	1 fr.

MONOLOGUES

LÉOPOLD LALUYÉ.	Fleurissez-vous, Mesdames. In-18.	50 c.
—	Ah! le bal! In-18.	50 c.
FERNAND BEISSIER.	Le Nouveau. In-18.	50 c.
—	Mon bon Monsieur Croquemitaine! In-18.	50 c.
—	Petit Noël. In-18.	50 c.

VAUDEVILLES

JOUSLIN DE LA SALLE.	La Marquise invisible, vaudeville en un acte (7 personnages). In-8°.	1 fr. 50
J. DUFLOT.	Les Ouvrières de qualité, vaudeville en un acte (7 personnages), musique de J. NARGEOT.	3 fr.

POÉSIES

PAUL CÉLIÈRES.	Le Premier Brin d'herbe.	50 c.
—	Un Rayon de soleil, fantaisie.	50 c.
—	Une Larme.	50 c.

Paris. — Typographie A. HENNUYER, rue Darcet.

A LA MÊME LIBRAIRIE

COMÉDIES

CÉLIÈRES (Paul). Trente-cinq ans de bail, 1 acte (5 personnages). In-8° avec gravure. 2 fr.
— L'oiseau sur la branche, 1 acte (9 personnages). In-8°. 1 fr. 50
— Lilas blancs et Roses thé, 1 acte (6 personnages). In-8°. 1 fr. 50
— Le Voisin Géronte, 2 actes en vers avec intermèdes (7 personnages). In-8°. 1 fr. 50
— L'Elixir d'Arlequin, 1 acte en vers (6 personnages). In-8°. 1 fr. 50
— Chacun pour soi, 1 acte en vers (6 personnages). In-8°. 1 fr. 50
LALUYE (Léopold). L'Obus, 1 acte (4 personnages). In-8°. 2 fr.
— Azor et Lubin, 1 acte (5 personnages). In-8° avec gravure. 2 fr.
— La Robe de bal, 1 acte (5 personnages). In-8°. 1 fr. 50
— Les quatre-vingts ans de la chanoinesse, 1 acte (5 personnages). In-8°. 1 fr. 50
— Chassez le naturel.... 1 acte (5 personnages). In-18. 1 fr.
— Les cadeaux de mon oncle, 1 acte (5 personnages). In-18. 1 fr.
ADENIS (Eug). Ma nièce Hortense. 1 acte (4 personnages). In-18. 1 fr.

CHARADES EN ACTION

CÉLIÈRES (Paul). Le Nez du marquis (7 personnages).
— L'incomparable Zuléma (8 personnages).
— Un Diner de huit couverts (2 personnages).
— Le Gibier de Son Altesse (8 personnages).
ADENIS (Jules). Marionnette (7 personnages).

Chaque charade format in-18 : 1 franc.

MONOLOGUES

LALUYE (Léopold). Fleurissez-vous, Mesdames. In-18. 50 c.
— Ah! le bal! In-18. 50 c.
FERD. BEISSIER. Le Nouveau. In-18. 50 c.
— Petit Noël. In-18. 50 c.
— Mon bon Monsieur Croquemitaine! In-18. 50 c.

PROVERBES

DUPEUTY (A.). Blanche de Césanne. 1 acte (3 personnages). In-8°. 1 fr. 50
NUITTER (Ch.). La Cage d'or, 1 acte (5 personnages). In-8°. 1 fr. 50

VAUDEVILLES

JOUSLIN DE LA SALLE. La Marquise invisible, 1 acte (7 personnages). 1 fr. 50
J. DUFLOT. Les Ouvrières de qualité, 1 acte (7 personnages), musique de J. Nargeot. 3 fr.

www.ingramcontent.com/pod-product-compliance
Lightning Source LLC
Chambersburg PA
CBHW070452170426
43201CB00010B/1311